国有企业薪酬管理

王一农◎著

天地出版社 | TIANDI PRESS

图书在版编目（CIP）数据

国有企业薪酬管理/王一农著. —成都：天地出版社，2019.12
（2021.9 重印）

ISBN 978 - 7 - 5455 - 5244 - 7

Ⅰ.①国… Ⅱ.①王… Ⅲ.①国有企业 - 工资管理 - 研究 - 中国
Ⅳ.①F279. 241

中国版本图书馆 CIP 数据核字（2019）第 206765 号

GUOYOU QIYE XINCHOU GUANLI
国有企业薪酬管理

出 品 人	杨 政
著 者	王一农
责任编辑	漆秋香
封面设计	木 子
电脑制作	四川胜翔
责任印制	刘 元

出版发行　天地出版社

（成都市槐树街 2 号　邮政编码：610014）

（北京市方庄芳群园 3 区 3 号　邮政编码：100078）

网　　址　http://www.tiandiph.com

电子邮箱　tianditg@163.com

印　　刷	廊坊市印艺阁数字科技有限公司
版　　次	2019 年 12 月第一版
印　　次	2021 年 9 月第三次印刷
开　　本	880mm×1230mm 1/16
印　　张	12.5
字　　数	175 千
定　　价	55.00 元
书　　号	ISBN 978 - 7 - 5455 - 5244 - 7

薪酬管理概况（代序）

根据《企业会计准则》第 9 号，企业职工薪酬，是指企业为获得职工提供的服务或解除劳动关系而给予的各种形式的报酬或补偿。职工薪酬包括短期薪酬、离职后福利、辞退福利和其他长期职工福利。本准则所称职工，是指与企业订立劳动合同的所有人员，含全职、兼职和临时职工，也包括虽未与企业订立劳动合同但由企业正式任命的人员。所以，薪酬包括员工的工资总额和高管薪酬。

关于工资总额，1978 年党的十一届三中全会提出"克服平均主义"，重新确立按劳分配原则；1985 年国务院出台《关于国营企业工资改革问题的通知》，实行工资与效益挂钩的办法；1997 年原劳动部制定《试点地区工资指导线制度试行办法》，规定试点国有企业在指导线范围内、在与经济效益挂钩基础上自由调整工资总额；2004 年原劳动保障部下发《关于报送 2004 年企业绩效工资总额的通知》，使企业工资总额和工资水平增长与经济效益增长保持合理关系；2010 年国资委制定《中央企业工资总额预算管理暂行办法》，进一步规范工资总额预算管理；2018 年国务院以国发〔2018〕16 号文件印发《关于改革国有企业工资决定机制的意见》，严格落实工资总额与效益挂钩的预算管理机制。

关于高管薪酬，1994年《国有企业经营者年薪制实行办法》颁布，1997年100家企业导入年薪制。2004年国资委出台《中央企业负责人薪酬管理暂行办法》，确定了国有企业高管薪酬由基薪、绩效薪酬和中长期激励三部分构成：基薪根据企业规模、经营难度、企业平均工资、行业平均工资等因素确定；绩效薪酬根据考核结果，一次提取，60%当期兑现，40%延期兑现。2014年，中共中央、国务院《关于深化中央管理企业负责人薪酬制度改革的意见》（中发〔2014〕12号）指出："坚持分类分级管理，建立与中央企业负责人选任方式相匹配、与企业功能性质相适应的差异化薪酬分配关系；坚持统筹兼顾、形成负责人薪酬与职工之间的合理工资收入分配关系。"

目　录

工资总额

构建比较科学的国有资本授权经营体制下的工资总额监管体系

内容摘要：本文结合改革国有资本授权经营体制，扩大深化国有资本运营公司、国有资本投资公司两类公司改组组建的新形势，对授权经营的界定、授权经营的关键所在，以及授权经营体制下两类公司工资总额分级分类监管体系，谈点自己的看法。

党的十八届三中全会通过《中共中央关于全面深化改革若干重大问题的决定》，明确要求"完善国有资产管理体制，以管资本为主加强国有资产监管，改革国有资本授权经营体系，组建若干国有资本运营公司、支持有条件的国有企业改组为国有资本投资公司"。各地相继组建了国有资本运营公司、国有资本投资公司。

按照十八届三中全会精神，支持有条件的国有企业改组为国有资本投资公司，并且明确，开展国有资本投资、运营公司试点的企业，按照国家收入分配政策要求，根据改革推进情况，经国资委同意，可以探索实行更加灵活高效的工资总额管理方式。

一、国资监管框架下国有资本授权经营的界定

国有资本授权经营是一个引人注目的论题，但凡论及国企改革和国资监管，必然提及这个论题。长期以来，人们对此议论颇多，疑惑亦很多。甚至有人认为，"国有资本授权经营"是指突破《中华人民共和国公司法》（以下简称《公司法》）的规定，母公司对自己的全部资产行使出资人（股东）权利；那么，是否不授权，母公司就不能依《公司法》享有法人财产权和对子公司行使股东权？国资监管框架下授权经营怎么界定呢？

（一）国有资本授权经营的核心是出资人的资产经营权

在政府国有资产监督管理机构（授权者）和被授权企业的关系上，国资委并未将国有资产的所有权转移给受权主体——被授权企业，往往是通过授权责任书的形式将资产经营权授予被授权企业。被授权企业的资产经营权主要可以概括为：占有权能、使用权能、部分收益权能和部分处置权能。1992年国家国有资产管理局、国家计委、国家体改委和国务院经贸办联合下发的《国家试点企业集团国有资产授权经营的实施办法（试行）》对授权经营定义为，"国有资产授权经营是指由国有资产管理部门将企业集团中紧密层企业的国有资产统一授权给核心企业经营和管理，建立核心企业与紧密层企业之间的产权纽带，增强集团凝聚力，使紧密层企业成为核心企业的全资子公司或控股子公司，发挥整体优势"。《企业国有资产监督管理暂行条例》第二十八条规定，"国有资产监督管理机构可以对所出资企业中具备条件的国有独资企业、国有独资公司进行国有资产授权经营。被授权的国有独资企业、国有独资公司对其全

资、控股、参股企业中国家投资形成的国有资产依法进行经营、管理和监督"。

上述规定确立了国有资产授权经营的是所出资企业中具备条件的国有独资企业、国有独资公司，此时国资委并未将国有资产的所有权转移给被授权企业。授权经营的是出资人的资产经营权，授权对象只能是国有独资企业和国有独资公司，对多元投资主体无法进行授权经营。《公司法》第七十二条规定，"经营管理制度健全、经营状况较好的大型国有独资公司，可以由国务院授权行使资产所有者的权利"。这条也说明了这一点。修订后的《公司法》第六十六条规定，"国有资产监督管理机构可以授权公司董事会行使股东会的部分职权"。

（二）国有资本授权经营的客体是经营性国有资产

国资国企改革的不断深入和一系列国资监管办法的出台，标志着国有资产出资人逐步到位，特定历史条件下国有授权投资机构作为出资人对所出资企业的经营管理授权经营概念逐渐淡化，国有资产授权经营概念被赋予了新的更为符合现代企业制度的含义，在《公司法》等相关法律法规条件下，包含了国资委对所出资企业的董事会等决策层的授权关系的概念。

党的十五届四中全会决议指出："积极探索国有资产管理的有效形式。要按照国家所有、分级管理、授权经营、分工监督的原则，逐步建立国有资产管理、监督、营运体系和机制，建立与健全严格的责任制度。国务院代表国家统一行使国有资产所有权，中央和地方政府分级管理国有资产，授权大型企业、企业集团和控股公司经营国有资产。"上述规定确立了国有资产授权经营制度，确定了国有资产授权经营制度的主要内容是经营国有资产，为授权经营的客体是经营性国有资产提供了依据和指南。

（三）国有资本授权经营的范围包括其他领域的经营性国有资产

《企业国有资产监督管理暂行条例》第二条规定，"国有及国有控股企业、国有参股企业中的国有资产的监督管理，适用本条例。金融机构中的国有资产的监督管理，不适用本条例"。上述规定确立了国有资产的监督管理包括其他领域，如政府有关部门、事业单位占用的经营性国有资产。其他领域的经营性国有资产的授权经营模式可以就其不同领域的特殊性采取不同的方法，不能搞"一刀切"的模式。诚然，政府部门、事业单位不便于管理这些经营性资产时，应当考虑授权其他专业机构对其进行管理。

为了达到该领域经营性国有资产保值增值的目的，提高政府资产管理的有效性，实施授权管理后应当减少审批环节，方便工作，提高决策水平、办事效率，节约管理成本，产生有效管理，并通过目标管理和效绩考评来提高大家的责任感。它是建立在以责任为起点，以事业为中心，包括"目标管理、授权经营、绩效考核、激励机制"四位一体的科学完整的授权经营管理系统。

二、国有资本授权经营的关键所在是深化国有资本体制改革

党的十九大报告指出，要完善各类国有资产管理体制，改革国有资本授权经营体制，应将改革国有资本授权经营体制摆在核心位置。

（一）加快国有资本体制改革

2017 年 4 月 27 日，国务院办公厅出台了《关于转发国务院国资委以

管资本为主推进职能转变方案的通知》（以下简称国办发〔2017〕38号文），按照国办发〔2017〕38号文要求，国资委要突出国有资本运营，围绕服务国家战略目标和优化国有资本布局结构，推动国有资本优化配置，提升国有资本运营效率和回报水平；牵头改组组建国有资本投资、运营公司，实施资本运作，建立健全国有资本运作机制，组织、指导和监督国有资本运作平台开展资本运营，鼓励国有企业追求长远收益，推动国有资本向关系国家安全、国民经济命脉和国计民生的重要行业和关键领域、重点基础设施集中，向前瞻性战略性产业集中，向具有核心竞争力的优势企业集中。

国有资本体制改革的目标是强化国资委对国有资本的配置权，而不在于主管一个个国有企业；国资委只管国有资本的配置，负责国有资本的保值增值，也就是负责国有资本的配置效率的提高。国有资本的特殊性质决定了国有资本配置体制改革的方向，就是通过提高国有资本的配置效率，调动国有企业的积极性，使绝对控股或相对控股的国有企业致力于健全法人治理结构，成为真正的市场经营主体。

（二）以管资本为主加强国资监管

目前，国有资产监管中管得过多过细、运转机制不顺畅及监管方式有行政化色彩的问题依然存在，如何切实做到属于出资人的事项真正管住管好，属于企业的权限决不能去干预；如何按照有关法律法规规定，建立和完善出资人监管的权力和责任清单，健全监管制度体系，全面加强国有资产监督，充实监督力量，完善监督机制，严格责任追究，切实防止国有资产流失。这些问题亟须国资委加快调整优化监管职能和方式，推进国有资产监管机构职能转变。

依据国办发〔2017〕38号文要求，国资委要持续推进国有资产监管机构职能转变，不断健全完善相关的国有资产监管制度体系，做好制度的宣传培训，通过加强信息化建设，统一工作平台，提升监管效能，确保放得下、接得住、管得好。按照深化简政放权、放管结合、优化服务改革的要求，依法履行职责，以管资本为主加强国有资产监管，以提高国有资本效率、增强国有企业活力为中心，明确监管重点，精简监管事项，优化部门职能，改进监管方式，进一步提高监管的科学性、针对性和有效性，加快实现以管企业为主向以管资本为主的转变。

（三）国资改革带动国企改革

由于国有资本投资、运营公司的经营目标是管好国有资本的配置，提高国有资本的配置效率，它与作为市场经营主体的一般的国有企业不是处于平等位置，它不开展其他任何商业性经营活动，不干预其控股或相对控股的国有企业的日常经营活动，对其而言，重点是解决接得住与管得好的问题。国资委要按照"一企一策"原则，明确对国有资产投资、运营公司授权的内容、范围和方式，依法落实国有资本投资、运营公司董事会职权。

对于企业而言，由于它的经营目标同其他各种类型的民营企业一样，都是为社会提供优质的产品、优质的服务，开拓市场增加盈利，对其而言，重点是解决接得住和经营好的问题，授权的目的是确保国有企业依法自主经营，激发企业活力、创新力。

三、构建比较科学的国有资本授权经营体制下国有资本投资、运营公司工资总额的分级分类监管体系

中共中央、国务院《关于深化国有企业改革的指导意见》中提出了

"完善既符合企业一般规律又体现国有企业特点的分配机制"的要求，是新时期对提高国有资产监管能力和水平提出的新要求，这就要求我们积极探索和完善与之相适应的收入分配监管方式方法，不该管的要放得开，该管的才能管得好，必须完善国有资本授权经营体制下国有资本投资、运营公司工资总额分级分类监管体系。

（一）积极探索两类公司和其出资企业各自的工资总额监管方式

十八届三中全会从新形势下深化国企改革出发，提出了"努力实现劳动报酬增长和劳动生产率提高同步，健全工资决定和正常增长机制"的要求。中共中央、国务院《关于深化国有企业改革的指导意见》中进一步提出了"建立健全与劳动力市场基本适应、与企业经济效益和劳动生产率挂钩的工资决定和正常增长机制"等要求。为了更好地落实中央深化国企收入分配制度的改革精神，履行好国有资产出资人职责，按照管放结合、权责明确、监管高效、规范透明的要求，该管的科学管好，国资委应积极探索国有资本投资、运营公司总部的工资总额新的决定机制，建立健全与国有资本投资、运营公司功能相适应的工资效益联动机制；按照该放的依法放开，国有资本投资、运营公司应积极探索所出资企业工资总额新的决定机制并向国资委备案，切实增强出资企业的活力。国资委根据企业法人治理结构完善的实际情况，将出资企业的工资总额管理权限授予落实董事会职权的国有资本投资、运营公司等试点集团公司，同时落实监督机制。由此可见，国有资本投资、运营公司和一般的国有企业的经营目标是不一样的，故其工资总额的决定机制也应该是不一样的，两个层次国企职工工资总额决定机制应该与其经营目标相匹配，对第一层次国有资本投资、运营公司总部的工资总额，应该建立健全与其功能相适应的工资效益联动机制，第二层次出资企业的工资总额是完全可以放开的。

（二）国有资本投资、运营公司总部的工资总额监管方式

按照以管资本为主加强国资监管的总体要求，国资委应积极探索与两类公司功能相适应的工资效益联动机制，对人工成本投入产出较为合理的竞争类公司，给予较大工资增长空间；对人工成本投入产出较为合理的公益类公司，给予适度的工资增长空间；对人工成本投入产出不合理的公司，降低工资增长空间；应制定国有资本投资、运营公司工资总额管理制度，建立国有资本投资、运营公司总部的工资总额决定机制，实现"效益降，工资降"的定量化机制；对集团公司内部收入分配工作进行指导，加强对国有资本投资、运营公司工资总额及其他重大收入分配事项的监督管理。

（三）出资企业的工资总额监管方式

按照以管资本为主加强国资监管的总体要求，以及谁出资谁分类的要求，国有资本投资、运营公司应根据自身战略需要，结合出资企业的行业、规模、发展阶段等因素，建立突出效益导向、分类管理、市场导向的出资企业工资总额决定机制并向国资委备案，国资委采取不定期抽查的监督方式，实现对不同类型出资企业进行差异化管理、实施有效监管，加强对出资企业工资总额及其他重大收入分配事项的监督管理。出资企业职工工资总额决定机制改革的方向与目标是要贯彻按要素分配的原则，使他们的收入在企业内部具有合理公正性，在企业外部具有市场竞争性，进而为国企的做强、做大、做持久，提供坚实的物质激励基础。

在这种新型监管框架下，国资委不再对国有资本投资、运营公司工资总额进行审批和备案，两类公司也不再向国资委申报当年的工资总额

预算方案，改变以往工资预算管理方式中存在的国资委与企业之间讨价还价、相互博弈的状况，变预算管理为清算管理，年终清算时通过国有资本投资、运营公司总部决定机制和出资企业决定机制确定各自的工资提取发放是否在决定机制范围内，从而监督国有资本投资、运营公司总部和出资企业工资总额执行是否合法合规，完善两个层次的国有企业各自的工资总额决定机制，建立健全必要的制度规范，实行"宽进严出"管理，发现问题必须叫停处罚，转变以往重审批轻监管的管理理念，健全完善制度规范，切实加强事中事后检查。

发表于《国有资产管理》2019 年第 4 期

国有企业工资决定机制改革中的
问题及其完善

内容摘要：本文结合当前国有企业工资决定机制改革的新形势，深入分析了工资决定机制改革的实施、受限和完善，以期为国资监管机构、国有企业和其他企业提供借鉴。

国有企业工资总额管理是调节国家、企业、职工三者利益关系的重要方式，也是国资委依法履行出资人职责的重要手段，一直以来，在推动国有企业改革发展、确保国有资产保值增值方面发挥了重要作用，历来受到各方面的高度关注。

一、国有企业工资决定机制改革的实施

国有企业改革是我们国家经济体制改革的中心环节，深化收入分配制度改革是国有企业改革的重中之重。这次国有企业工资决定机制改革是深化收入分配制度改革的重要内容，事关国有企业健康发展与国有企业职工切身利益。2018 年 3 月 28 日下午，中共中央总书记、国家主席、

军委主席、中央全面深化改革委员会主任习近平主持召开中央全面深化改革委员会第一次会议并发表重要讲话，会议审议通过了《关于改革国有企业工资决定机制的意见》（以下简称《意见》）。5月25日，国务院以国发〔2018〕16号文件印发《意见》。这是自1985年国务院《关于国营企业工资改革问题的通知》印发后，时隔32年国务院第二次出台国有企业工资改革的文件。

此次出台的《意见》，切实做到了将出资人依法调控和企业自主分配有机结合：一是明确提出按照国有企业功能定位，对工资总额实行分类管理。此次改革的重要创新点之一就是分类管理，将工资总额预算备案制管理的实施范围，扩大到全部主业处于充分竞争行业和领域的商业类国有企业。二是明确提出了对国有企业工资总额实行分级管理。出资人负责管制度、管总量、管监督，国有企业负责管内部自主分配、管预算分解落实、管具体操作执行，国资委与国有企业权责清晰、各司其职。三是进一步完善国有企业工资总额与经济效益挂钩决定机制。《意见》围绕建立健全"一适应、两挂钩"工资决定机制的目标要求，进行了一系列重大创新：进一步丰富了工资与效益挂钩的内涵；进一步简化了出资人根据国家要求调控企业工资水平的规定；明确了企业同口径增人不增工资总额、减人不减工资总额的有关规定，鼓励国有企业提高用人效率……四是进一步强调深化企业内部分配制度改革。强调企业作为内部分配的责任主体，应当持续深化内部三项制度改革，切实承担起搞好、搞活企业内部分配的职责。五是进一步强调工资总额管理的监督检查，明确界定企业的违规责任。《意见》明确将企业工资总额管理情况纳入各项监督检查范围，与审计、巡视等工作形成合力，切实保证监管到位。总的来说，《意见》较好地体现了中共中央、国务院《关于深化国有企业改革的指导意见》的改革要求，体现了党的十九大提出的坚持质量第一、效益优先的发展理念，符合此前国有企业改革座谈会提出的强化正向激励的有关精神，符合中央关于简政放权、"放管服"的改革要求，对促进国有企业实现高质量发展、推动国有资本做强做优做大，加快培育具有全球竞争力的世界一流企业具有重要意义。

但是，出资人监管的国有企业在保值增值、企业规模、新设企业等方面的差异较大，如何针对不同类型的情况进行差异化管理、实施有效监管，既是一个难点问题，也影响着工资决定机制改革的实施。

二、国有企业工资决定机制改革的受限

虽然国有企业工资决定机制改革取得了一些成效，但由于国有企业的规模差异等原因，在《意见》实施的实际工作中也遇到一些问题。一是《意见》要求，企业未实现国有资产保值增值的，工资总额不能增长或者要适度下降。国有资本保值增值率是指企业经营期内扣除客观增减因素后的期末国有资本与期初国有资本的比率，国有资本保值增值率分为年度国有资本保值增值率和任期国有资本保值增值率。由于实现国有资产保值增值与企业经济效益增长没有必然联系，所以这与国有企业职工工资和经济效益同向联动原则相互矛盾。二是《意见》要求，企业按照工资与效益联动机制确定工资总额，原则上增人不增工资总额、减人不减工资总额。这将改变原来工资总额按人头管理的弊端，强化人工成本管理，促进企业减员增效，加快推进企业建立健全市场化劳动用工和收入分配管理机制，持续增强企业活力与竞争力。由于省级其他主管部门和市州所属大量的地方国有企业规模小、非集团化多、人数少、工资总额少，严格要求该类企业按照工资与效益联动机制增减工资总额，在实际工资总额管理中很难实施，这与增人不增工资总额、减人不减工资

总额原则相互矛盾。三是《意见》要求，企业按照工资与效益联动机制确定工资总额，但发生新设企业或机构等情况的，可以合理增加工资总额。发生新设企业或机构等情况的，新组建预算编制单位的工资总额，根据核定的工资水平、实际到位人数、到位时间如实确定，其工资水平根据市场化原则，参照同行业、同类型企业的工资水平，并参考企业的工资水平和所在地城镇非私营单位在岗职工工资水平等因素合理确定。企业集团规模不大、人员不多，发生新设企业或机构等情况的，当年纳入合并报表范围，以后年度新设企业或机构正常开展经营，或者发生连续多年为长线项目储备人员等情况的，需要增人和增加工资总额，严格要求该类企业按照工资与效益联动机制增加工资总额，在实际工资总额管理中很难实施，也与增人不增工资总额原则相互矛盾。

由此可见，这势必促使我们围绕工资决定机制改革，创新差异化管理方式，完善工资总额预算管理。

三、国有企业工资决定机制改革的完善

针对工资决定机制改革中存在的问题，不仅应强化工资决定机制改革中的工资总额预算管理，还应完善工资总额预算管理机制，进一步细化工资总额预算管理措施，提高企业工资总额决定机制的科学性与有效性。

（一）健全工资与经济效益同向联动机制

国有资本保值增值率指标计算如下：国有资产保值增值率＝期末净资产总额/期初净资产总额×100％。国有资产保值增值率＝100％，为资本保值；国有资产保值增值率大于100％，为资本增值，反之为资本减

值。由此可见，实现国有资产保值增值与企业经济效益增长没有必然联系；企业未实现国有资产保值增值的，工资总额不一定不能增长或者适度下降。

因此，健全工资与经济效益同向联动机制，在鼓励企业实现国有资产保值增值情况下，将国有企业工资总额增长与经济效益单一挂钩，优化为与劳动力市场基本适应，主要体现为与劳动力市场工资价位对标，与劳动生产率、人工成本投入产出率等市场化指标联动，实现"效益增工资增、效益降工资降"的原则，使经济效益好、劳动生产率和人工成本投入产出率高、职工平均工资水平低的企业工资可以相应多增；反之，则工资相对少增、不增甚至下降，真正实现工资与效益同向联动、能增能减。

(二) 完善原则上增人不增资、减人不减资

企业按照工资与效益联动机制确定工资总额，原则上增人不增工资总额、减人不减工资总额。由于中央企业集团和省级企业集团规模大、人员多，所以集团内部工资总额调节空间大，便于消化处理包括引进人才、晋级晋职、扩建项目、各类奖励等工资增量。省级其他主管部门和市州所属大量的地方国有企业，非集团化多、规模小、人数少，工资总额调节空间小。由此可见，在实际工资总额管理中不一定要求该类企业原则上增人不增资、减人不减资，关键是要求其按照工资与效益联动机制增减工资总额。

因此，完善原则上增人不增工资总额、减人不减工资总额，而企业规模小、人员少、工资总额少，主要适用于省级其他主管部门和市州所属大量的地方国有企业，尤其是小企业，允许该类企业在预算年度内针对因新建、扩建项目及政策性增人等情况增减职工的，相应增减其工资

总额预算基数。其中，当年增加或减少人员需要核增或核减工资总额的，应根据其所在层级人员在上年工资清算中确认的平均工资水平核增或核减。由此解决企业按照工资与效益联动机制确定工资总额，原则上增人不增工资总额、减人不减工资总额的问题。

（三）妥善处理新设企业或机构合理增加工资原则

企业按照工资与效益联动机制确定工资总额，但发生新设企业或机构等情况的，可以合理增加工资总额。这将改变原来工资总额按人头管理的弊端，强化人工成本管理。由于中央企业集团和省级企业集团规模大、人员多，所以集团内部工资总额调节空间大，便于消化处理新设企业或机构以后年度的增人增资，即除了新设企业或机构上年正常的翘尾和掉尾，可以做到符合增人不增工资总额原则。如果企业集团规模小、人员少，那么工资总额调节空间就小。由此可见，在实际工资总额管理中不一定要求该类企业原则上增人不增资，关键是要求其按照工资与效益联动机制增减工资总额。

因此，应妥善处理新设企业或机构合理增加工资原则。而企业集团规模小、人员少，工资总额少，主要适用于省级其他主管部门和市州所属大量的地方国有企业发生新设企业或机构等情况的，当年纳入合并报表范围内，次年增加大量人员，其增加的大量人员相对于企业集团人员而言，占比比较大的话，企业集团在正常盈利情况下难以消化增人增资的工资总额，因此在无法遵从增人不增资原则的情况下，可以考虑给予该类企业集团次年或以后年份可以使用一次增人增资原则。由此解决企业按照工资与效益联动机制确定工资总额，当发生新设企业或机构等情况的，合理增加工资总额的情况。

发表于《产权与资本》2019 年 3 期

以管资本为主推进国资委工资总额监管职能转变

内容摘要：本文结合以管资本为主推进职能转变的新形势，对国资委工资总额监管职能转变关键所在以及具体实施，谈点自己的看法。

2017年4月27日，国务院办公厅出台《关于转发国务院国资委〈以管资本为主推进职能转变方案〉的通知》（以下简称国办发〔2017〕38号文），明确指出"国有资产监督机制尚不健全，国有资产监管中越位、缺位、错位问题依然存在，亟须加快调整优化监管职能和方式，推进国有资产监管机构职能转变，进一步提高国有资本运营和配置效率"。如何以管资本为主推进国资委工资总额监管职能的转变呢？

一、对工资总额监管职能转变的认识和看法

党中央、国务院高度重视国企国资改革发展，党的十八届三中全会将完善国有资产管理体制、以管资本为主加强国有资产监管作为国企改

革的重要内容，深化国企改革"1＋N"系列文件对以管资本为主推进国有资产监管机构职能转变提出了具体要求。国资委成立以来，一直在不断探索完善国有资产监管体制机制，为实现国有资产保值增值、发展壮大国有经济做出了积极贡献。但与此同时，国有资产监督机制尚不健全，国资委在国有资产管理体制的改革上甚至出现犹疑、动摇乃至退步，说明相关部门在国资委的职能定位问题上还有一些重要的认识有待澄清，这也是国资委成立后社会各界高度关注的一个问题。

（一）国资委职能转变的提出

国办发〔2017〕38号文是国资委坚决贯彻落实党中央、国务院关于深化国有企业改革决策部署的重要文件，对加快实现以管企业为主向以管资本为主的转变具有重要意义：一是要切实承担党中央、国务院赋予的国有资产保值增值的使命责任；二是要实现从"管企业"为主向"管资本"为主转变；三是要根据授权代表政府依法履行出资人职责；四是要按照政企分开、政资分开、所有权和经营权分离要求，科学界定国有资产出资人监管的边界；五是要处理好国资委与监管企业的出资与被出资关系，不干预企业依法行使自主经营权。

（二）工资总额监管职能有待转变

大家知道，工资总额监管职能是国资委监管职能的重要内容之一，国有企业工资总额管理体制改革与国资国企改革密切相关，先后采取了工资总额包干、工资计划控制、工效挂钩等在内的多种形式，旨在加强国企工资总额宏观管理和调控，强化出资人对工资总额的管理。随着我国社会主义市场经济体制改革的不断深化和国家财税政策的调整，为了实现工资总额管理的科学化、制度化和规范化，2009年，国资委系统开始推行工资总额预算管理，"工效挂钩"等形式逐渐淡出人们的视线。

工资预算管理是国有企业全面预算管理体系的一个重要组成部分，通过建立工资预算管理制度，有利于企业建立以工资预算目标为中心的人工成本调控管理体系，建立全面预算管理、工资性支出管理、工资类基础管理等制度，从而加强企业内部管理，不断促进企业提升管理水平。虽然，实行工资总额预算管理取得了一些成效，但也存在工资管理比较粗放，分级履行出资人职责难以到位，管理未延伸到企业内部，激励导向不尽合理等问题，特别是由于集团公司所出资企业行业差别，业务成熟度、规模、效益和市场化程度不同，如何积极实施与所出资企业特点相适应的差异化管理，从而将管理延伸到集团公司所出资企业等问题，导致"效益升，工资升；效益降，工资降"的收入分配激励和约束机制没有真正建立。

（三）工资总额监管职能转变的方向

随着我国国有资产管理体制改革稳步推进，党的十八届三中全会通过的《中共中央关于全面深化改革若干重大问题的决定》中，明确要求"完善国有资产管理体制，以管资本为主加强国有资产监管，改革国有资本授权经营体系，组建若干国有资本运营公司、支持有条件的国有企业改组为国有资本投资公司"。在这种新体制下，国资委就是国有资本投资、运营公司的主管，国有资本投资、运营公司是国有企业的出资人；通过这种纵向改革，解决分层管理，切入点就是国有资本体制改革，通过改革国有资本授权经营体制，分级履行出资人职责。由此可见，首先，深化国资国企改革，"以管资本为主加强国有资产监管"，势必要求我们积极探索和形成比较合理的工资总额分级监管模式，国资委管控好国有资本投资、运营公司，这是深化企业工资总额决定机制改革的重要前置性工作；其次，在不同国有企业内逐步探索与之相匹配的差异化管理，合理确定商业类和公益类企业的工资增减空间，实施更加精准有效的分类监管；再次，以管资本为主的分级管理的有效传导依赖出资人职责的分级履行。

二、工资总额监管职能转变的关键所在是国有资本体制改革

（一）以管资本为主加强国有资产监管

目前，国有资产监管中管得过多过细、运转机制不顺畅及监管方式有行政化色彩的现象依然存在。要切实管住管好属于出资人的事项，属于企业的权限绝不能去干预。如何按照有关法律法规，建立和完善出资人监管的权力和责任清单，健全监管制度体系，全面加强国有资产监督，充实监督力量，完善监督机制，严格责任追究，切实防止国有资产流失，这些问题亟须国资委加快调整优化监管职能和方式，推进国有资产监管机构职能转变。

依据国办发〔2017〕38号文要求，国资委要持续推进国有资产监管机构职能转变，不断健全完善相关的国有资产监管制度体系，做好制度的宣传培训。通过加强信息化建设，统一工作平台，提升监管效能，以确保放得下、接得住、管得好。按照深化简政放权、放管结合、优化服务改革的要求，依法履行职责，以管资本为主加强国有资产监管，以提高国有资本效率、增强国有企业活力为中心，明确监管重点，精简监管事项，优化部门职能，改进监管方式，进一步提高监管的科学性、针对性和有效性，加快实现以管企业为主向以管资本为主的转变。

（二）加快国有资本配置体制改革

按照国办发〔2017〕38 号文要求，国资委要突出国有资本运营，围绕服务国家战略目标和优化国有资本布局结构，推动国有资本优化配置，提升国有资本运营效率和回报水平；牵头改组、组建国有资本投资、运营公司，实施资本运作，建立健全国有资本运作机制，组织、指导和监督国有资本运作平台开展资本运营，鼓励国有企业追求长远收益，推动国有资本向关系国家安全、国民经济命脉和国计民生的重要行业和关键领域、重点基础设施集中，向前瞻性、战略性产业集中，向具有核心竞争力的优势企业集中。

国有资本配置体制改革的目标是强化国资委对国有资本的配置权，而不在于主管一个个国有企业。国资委只管国有资本的配置，负责国有资本的保值增值，也就是负责国有资本的配置效率的提高。国有资本的特殊性质决定了国有资本配置体制改革的方向，就是通过提高国有资本的配置效率，便于调动国有企业的积极性，使绝对控股或相对控股的国有企业致力于健全法人治理结构，成为真正的市场经营主体。

（三）两个层次的国有企业各自的工资总额决定机制

由于国有资本投资、运营公司的经营目标是管好国有资本的配置，提高国有资本的配置效率，它与作为市场经营主体的一般的国有企业不是处于平等位置，它不开展其他任何商业性经营活动，不干预其控股或相对控股的国有企业的日常经营活动；至于一般的国有企业，它的目标同其他各种类型的企业一样，都是为社会提供优质的产品、优质的服务，开拓市场增加盈利。由此可见，国有资本投资、运营公司和一般的国有企业的经营目标是不一样的，故其工资总额的决定机制也应该是不一样的，两个层次的国有企业职工工资总额决定机制应该与其经营目标相匹配。

现实中的国有企业是复杂的，既有国有资本投资、运营公司或者正在向这种方向改革的实体产业集团公司（以下统称企业集团模式），也有一般国有企业的模式，还有两种模式的混合。在这种情况下，国资委工资总额监管职能转变的改革必然取决于整个国资国企的深化改革，包括体制、产权等方面的改革。如果这些方方面面的改革到位了，那么对第一层次国有企业职工的工资总额，应该建立健全与企业功能相适应的工资效益联动机制，第二层次国有企业职工的工资总额是完全可以放开的。

三、工资总额监管职能转变的具体实施是完善分级监管体制

中共中央、国务院《关于深化国有企业改革的指导意见》中提出了"完善既符合企业一般规律又体现国有企业特点的分配机制"的要求，是新时期对提高国有资产监管能力和水平提出的新要求，这就要求我们积极探索和完善与之相适应的收入分配监管方式方法，不该管的要放得开，该管的才能管得好，推进国有企业工资总额监管职能转变。

（一）积极探索集团总部和子企业各自的工资总额监管方式

十八届三中全会从新形势下深化国有企业改革出发，提出了"努力实现劳动报酬增长和劳动生产率提高同步，健全工资决定和正常增长机制"的要求。中共中央、国务院《关于深化国有企业改革的指导意见》中进一步提出了"建立健全与劳动力市场基本适应、与企业经济效益和劳动生产率挂钩的工资决定和正常增长机制"等要求。为了更好地落实中央深化国有企业收入分配制度的改革精神，履行好国有资产出资人职

责，按照管放结合、权责明确、监管高效、规范透明的要求，按照该管的科学管好，国资委应积极探索企业集团总部工资总额新的决定机制，建立健全与企业集团功能相适应的工资效益联动机制；按照该放的依法放开，企业集团应积极探索子企业工资总额新的决定机制并向国资委备案，切实增强企业活力。国资委根据企业法人治理结构完善的实际情况，将子企业的工资总额管理授予落实董事会职权试点企业，国有资本投资、运营公司等试点企业，同时落实监督机制。试点企业董事会要进一步健全和规范决策制度，明确工资总额授权事项在企业内部的决策、执行，落实相应责任，严格责任追究。

（二）企业集团总部的工资总额监管方式

按照以管资本为主加强国有资产监管的总体要求，国资委应制定企业工资总额管理制度，建立企业集团总部工资总额决定机制，实现"效益降，工资降"的定量化机制；对企业集团内部收入分配工作进行指导，加强对企业集团工资总额及其他重大收入分配事项的监督管理。具体可以从以下几个方面入手：一是突出工资总额基数管理，二是突出工资总额分类管理，三是突出工资水平调控管理，四是突出人工成本指标管控。

（三）子企业的工资总额监管方式

按照以管资本为主加强国有资产监管的总体要求，企业集团应根据自身战略需要，结合下属子企业的行业、规模、发展阶段等因素，建立突出效益导向、市场导向的子企业工资总额决定机制并向国资委备案，实现对不同类型子企业进行差异化管理，实施有效监管，加强对子企业工资总额及其他重大收入分配事项的监督管理。子企业职工工资总额决定机制改革的方向与目标是要贯彻按要素分配的原则，使他们的收入在企业内部具有合理公正性，在企业外部具有市场竞争性，进而为国有企业的做强、做大、做持久，提供坚实的物质激励基础。具体可以从以下几个方面入手：一是落实"两匹配"决定原则，二是落实工资总额分类原则，三是落实按要素分配原则，四是落实内部自主分配原则。

在这种新型监管框架下，国资委不再对企业工资总额进行审批和备案，企业也不再向国资委申报当年的工资总额预算方案，改变预算管理方式中存在的国资委与企业之间讨价还价、相互博弈的状况，变预算管理为清算管理，年终清算时通过集团总部决定机制和子企业决定机制确定各自的工资提取发放是否在决定机制范围内，从而监督企业集团总部和子企业工资总额执行是否合法合规，完善两个层次的国有企业各自的工资总额决定机制，建立健全必要的制度规范，实行"宽进严出"管理，发现问题必须叫停处罚，转变以往重审批轻监管的管理理念，健全完善制度规范，切实加强事中事后检查。

发表于《国有资产管理》2018 年第 6 期

构建比较科学的国有企业工资总额
分级监管体系

内容摘要：本文结合国有企业收入分配制度改革的新形势，从国有资产监管机构的视角出发，深入分析了工资总额预算管理的现状，工资总额分级监管体系改革的关键，以及如何初步构建以管资本为主的工资总额分级管理体制，以期对国有资产监管机构、国有企业和其他企业提供借鉴。

中共中央、国务院《关于深化国有企业改革的指导意见》中提出的"完善既符合企业一般规律又体现国有企业特点的分配机制"的要求，是新时期对提高国有资产监管能力和水平提出的新要求。这就要求我们积极探索和完善与之相适应的收入分配监管方式方法，不该管的要放开，该管的才能管得好，从而深化工资总额预算管理。

一、工资总额预算管理的现状

国有企业工资总额管理体制改革与国资国企改革密切相关，先后采取了工资总额包干、工资计划控制、工效挂钩和工资总额预算管理等在内的多种形式，旨在加强工资总额宏观管理和调控，强化出资人对工资总额的管理。

（一）工资总额预算管理的提出

1985 年，为进一步搞好国有企业，国务院规定实行企业工资总额与经济效益挂钩，成为国家对企业工资分配的重要调控手段。国家相关部门规定，凡是具备条件的国有企业，都要实行工资总额与经济效益挂钩的办法；不具备挂钩条件的国有企业，实行工资总额包干、工资计划控制办法。工效挂钩的重要原则是：坚持工资总额增长低于经济效益增长、实际平均工资增长低于劳动生产率增长的"两低于"原则。工效挂钩这个政策本身不完全是市场经济性质的，而是转轨过程中的过渡性办法，在当时有效地增强了企业的活力。但这种办法在实践中也存在着一些问题，比如"工效挂钩"使得在不同行业、企业工作的同类人员之间由于经济效益的差异而出现较大的工资差距。由于国有资源的垄断性功能，如果继续实施这项制度，显然对其他性质的企业是不公平的。

随着我国社会主义市场经济体制改革的不断深化和国家财税政策的调整，以工效挂钩为主要方式的工资总额管理方式的缺陷和所带来的工资分配方面的问题日益显现，已不能适应当前收入分配制度改革和调控的要求，迫切需要探索国有工资总额决定新机制和调控新办法。

（二）工资总额预算管理的实施

为了切实履行国有资产出资人职责、维护所有者权益、完善企业收入分配调控机制，实现工资总额管理的科学化、制度化和规范化，2009年，国资委开始推行工资总额预算管理，"工效挂钩"等办法将逐渐淡出人们的视线。工资总额预算管理是指企业按照国家收入分配政策规定和出资人的调控要求，根据企业效益、人工成本承受能力和劳动力市场价位，对企业职工工资总额和工资水平及增长做出预算安排并进行规范管理的活动。试行工资总额预算管理，调控企业职工平均工资水平，是出资人依法履行职责、贯彻落实党的十七大精神的重要举措，是企业收入分配调控方式的重大改革创新，有利于实现企业工资分配的效益导向与市场化原则相结合，有利于建立健全企业职工工资收入的正常增长机制。

经过国资委近几年来的实践和探索，企业工资总额预算管理，包括工资总额预算、工资总额调整、工资总额清算和重大事项备案在内的一系列管理体系已较为完善。虽然各地国资委工资总额预算管理方式不统一，但是工资总额预算管理为促进国有资产保值增值提供了有力的保障支持。

（三）工资总额预算管理的深化

实行工资总额预算管理，实质是解决好收入与分配问题，这是构建和谐企业、促进企业长久发展的需要，真正提升了企业内部管理水平。工资预算管理是企业全面预算管理体系的一个重要组成部分，通过建立工资预算管理制度，规范和细化企业预算编制、申报、执行、调整等各项工作，有利于建立以工资预算目标为中心的人工成本调控管理体系，建立全面预算管理、工资性支出管理、工资类基础管理等制度，从而加强企业内部管理，不断促进企业提升管理水平。虽然，实行工资总额预算管理取得了一些成效，但也存在工资管理比较粗放，管理未延伸到企业内部，激励导向不尽合理等问题，"效益升，工资升；效益降，工资降"的收入分配激励和约束机制没有真正建立。同时，分级履行出资人职责难以到位，集团公司所出资企业行业差别、业务成熟度、规模、效益和市场化程度不同，如何积极探索与出资企业特点相适应的差异化管理，从而将管理延伸到集团公司所出资企业等问题一直受到人们的关注。

随着我国国有资产管理体制改革稳步推进，党的十八届三中全会通过的《中共中央关于全面深化改革若干重大问题的决定》明确要求："完善国有资产管理体制，以管资本为主加强国有资产监管，改革国有资本授权经营体系，组建若干国有资本运营公司、支持有条件的国有企业改组为国有资本投资公司。"在这种新体制下，国资委就是国有资本投资运营公司的主管，国有资本投资运营公司是国有企业的出资人。通过这种纵向改革，解决分层管理，切入点就是国有资本体制改革，要求改革国有资本授权经营体制，分级履行出资人职责。由此可见，首先，深化国资国企改革，"以管资本为主加强国有资产监管"，势必要求积极探索和形成比较合理的工资总额分级管理模式，国资委如何管控国有资本投资运营公司，这是深化企业工资总额决定机制改革的重要前置性工作；其次，在不同国企内逐步探索与之相匹配的差异化管理，合理确定不同企业的工资增减空间；再次，以管资本为主的分级管理的有效传导依赖出资人职责的分级履行。

二、工资总额分级监管体系改革的关键是国有资本体制改革

（一）国资国企改革的失衡

国资国企改革分为两个层次：一是国有资本体制改革，这是第一层次的体制改革；二是国企管理体制改革，这是第二层次的体制改革。随着国资国企改革的深入，我们应该更加清晰地对待两个不同层次的体制及其改革。改革开放以来，国资国企改革基本上集中于国企管理体制改革，即属于第二层次的改革；国有资本体制的改革，即属于第一层次的

改革，实际上并没有推进。国资委的主要任务是放在对国企的管理和监督上，而忽略了国有资本体制改革。

不应否认，这么多年来，国企管理体制改革取得了较大的成绩，然而与此同时，我们不应当忽略国企管理体制至今还存在着若干有待于深化改革之处。在现阶段谈到国资国企改革，必须两个层次的改革一起进行，而且着重点应当放在第一层次的改革。如果国资国企改革仅仅停留于第二层次，而没有进入第一层次，即对国有资本体制进行认真改革，下决心改革，那么国企管理体制的改革很难有重要的突破，国企管理体制现存的弊病或问题还会继续存在。

（二）国有资本体制改革

国有资本体制改革的目标是强化国资委对国有资本的配置权，而不在于主管一个个国有企业；国资委只管国有资本的配置，负责国有资本的保值增值，也就是负责国有资本的配置效率的提高。这样就可以形成如下的体制：国资委管理国有资本投资运营公司，国有资本投资运营公司管理国有企业。在这种新体制下，国资委是国有资本投资运营公司的主管，国有资本投资运营公司是国有企业的出资人。国有资本的特殊性质决定了国有资本配置体制改革的方向，就是通过提高国有资本的配置效率，便于调动国有企业的积极性，使国有企业致力于健全法人治理结构。

国有资本从某个国有企业撤出或增投到某个国有企业中，必须要从提高国有资本的总体资源配置效率的角度来考虑。之所以国有资本配置效率的提高需要进行国有资本体制的上述改革，是因为国有企业中的国有资本并非来自该国有企业自身，因此，国有资本的撤出或增投的决策权在于国有资本的投资方，而不在于国有企业本身。私人资本的配置效率的提高无须单独组成一个私人资本配置效率的机构，它们就是提高自身资源配置效率的决策者。

（三）两个层次的国有资本体制与各自的工资总额决定机制

经过国有资本体制两个层次的改革，国有资本投资运营公司和一般国有企业的经营目标都已明确，国有资本投资运营公司的目标是管好国有资本的配置，提高国有资本的配置效率，它与作为市场经营主体的一般的国有企业、专业性的产业投资公司及非国有企业不是处于平等位置，它不开展其他任何商业性经营活动，不干预其控股或相对控股的国有企业的日常经营活动；至于一般的国有企业，它的目标同其他各种类型的企业一样，都是为社会提供优质的产品、优质的服务，开拓市场增加盈利的。由此可见，国有资本投资运营公司和一般的国有企业的经营目标是不一样的，对其职工的要求也是不一样的，其工资总额的决定机制也应该是不一样的，两个层次的国企职工工资总额决定机制应该与其经营目标相匹配。

现实中的国有企业是复杂的，既有国有资本投资运营公司或者正在向这种方向改革的集团公司（以下统称集团总部模式），也有一般国有企业的模式，还有两种模式的混合；而且在这种情况下，国企职工工资总额分级监管体系的改革必然取决于整个国资国企的深化改革、体制改革，包括产权等方面的改革。如果这些方方面面的改革到位了，那么对第一层次国企职工的工资总额，应该建立健全与企业功能相适应的工资效益联动机制，第二层次国企职工的工资总额是完全可以放开的。

三、构建以管资本为主的工资总额分级管理体制

十八届三中全会从新形势下深化国企改革出发，提出了"努力实现劳动报酬增长和劳动生产率提高同步，健全工资决定和正常增长机制"的要求。中共中央、国务院《关于深化国有企业改革的指导意见》中进一步提出了"建立健全与劳动力市场基本适应、与企业经济效益和劳动生产率挂钩的工资决定和正常增长机制"等要求。为了更好地落实中央深化国企收入分配制度的改革精神，履行好国有资产出资人职责，应按照管放结合、权责明确、监管高效、规范透明的要求，该管的科学管好，严格防止国有资产流失，积极探索企业集团总部工资总额新的决定机制，建立健全与企业功能相适应的工资效益联动机制；该放的依法放开，应积极探索子企业工资总额新的决定机制，切实增强企业活力。

（一）集团总部的工资总额监管方式

按照以管资本为主加强国资监管的总体要求，国资委应制定企业工资总额管理制度，建立集团总部工资总额决定机制，实现"效益降，工资降"的定量化机制；对企业集团内部收入分配工作进行指导，加强对企业集团工资总额及其他重大收入分配事项的监督管理。具体可以从以下几个方面入手：

一是突出工资总额基数管理。对预算当年增加或减少人员需核增或核减时，应根据其所在层次的实际岗位水平核增或核减其工资总额，可以有效监管与集团总部人均工资水平增幅相匹配的员工结构层次。

二是突出工资总额分类管理。根据企业功能定位实施差异化管理，竞争性企业工资增减额与企业经济效益挂钩，功能性企业工资增减额与

企业功能任务完成情况和企业经济效益挂钩。

三是突出工资水平调控管理。竞争性企业工资增减额应突出效益导向、市场导向，在经济效益相同的情况下，相对工资水平越低的企业工资增幅越高。功能性企业工资增减额既要考虑功能性业务指标的完成情况，又要考虑经济效益的增减情况等因素；在经济效益相同的情况下，相对工资水平越低的企业工资增幅越高。竞争性企业和功能性企业的工资增幅原则上均不超过企业工资指导线上线（此指导线包括上线、中线和下线三条线）。

四是突出人工成本指标管理。在工资总额增减额中增加人工成本调控，注重企业人工成本的投入产出效益，促进企业降本增效。竞争性企业引入人工成本利润率作为控制指标，功能性企业引入人事费用率作为控制指标。

（二）子企业的工资总额监管方式

企业集团应根据自身战略需要，组织开展集团内部工资总额预算编制、申报、执行以及清算工作；结合下属子企业的行业、规模、发展阶段等因素，制定与企业发展相适应的企业内部工资总额管理办法，建立突出效益导向、市场导向的子企业工资总额决定机制，针对不同类型子企业进行差异化管理、实施有效监管，加强对子企业工资总额及其他重大收入分配事项的监督管理。具体可以从以下几个方面入手：

一是落实"两匹配"决定原则。明确企业集团工资总额应符合"工资总额增长与经济效益增长、职工平均工资增长与劳动生产率相匹配"的原则，并将企业内部工资总额预算管理体系纳入企业全面预算管理。

二是落实工资总额分类原则。根据子企业功能定位实施差异化管理，竞争性企业工资增减额与企业经济效益挂钩，功能性企业工资增减额与企业功能任务完成情况和企业经济效益挂钩。

三是落实按要素分配原则。由于通过两个层次的国有资本体制的改革，在第二层次上，即子企业，包括绝对控股或相对控股的企业就成为真正的市场经营主体了，它们同其他企业处于平等地位，同其他股份制企业一样，建立了完善的、健全的法人治理结构，由股东会、董事会发挥作用，做出决策，不再受政府部门的直接干预。因此，子企业职工工资总额决定机制改革的方向与目标是要贯彻按要素分配的原则，使他们的收入在企业内部具有合理公正性，在企业外部具有市场竞争性，进而为国有企业的做强、做大、做持久，提供坚实的物质激励基础。

四是落实内部自主分配原则。国资委将企业二级及其以下企业的工资总额管理权限下放给企业集团，让企业更好地根据自身战略、结合实际情况统筹进行内部分配。既在给予企业集团相对可控的工资总额前提下严格规范企业的内部分配，又给予企业集团充分的内部分配自主权，最大限度地激发企业的内在活力。

同时，国资委不再对企业工资预算方案进行审批和备案，企业也不再向国资委申报当年的预算方案，改变预算管理方式中存在的国资委与企业之间讨价还价、相互博弈的状况，变预算管理为清算管理；年终清算时，通过集团总部决定机制和子企业决定机制确定其工资提取发放是否在决定机制范围内，从而监督企业集团总部和子企业工资总额执行是否合法合规，实行"宽进严出"管理，发现问题必须叫停处罚，转变以往重审批轻监管的管理理念，加强事中事后检查。

如果说一个企业是民营或私有，那么意味着这个企业是一个真正的市场主体，员工应该拿多少工资、应该拿多少报酬，政府完全没有理由干预，因为那是由市场定价的。然而，目前许多国有企业不是真正意义上的市场主体，它们可能是国有资本投资运营公司和一般国有企业两种模式的混合，其工资总额也就不能由市场来定价。诚然，从根本上解决国企工资总额问题，在于通过国资国企改革的深化，完善企业法人治理结构，推进分配制度改革，完善两个层次的国有资本体制各自的薪酬决定机制，建立健全必要的制度规范。

参考资料

1. 厉以宁：《中国经济双重转型之路》，中国人民大学出版社，2013 年。
2. 王一农：《国企负责人薪酬决定于国资国企改革的深化》，《国有资产管理》，2015 年第 2 期，第 41—43 页。

发表于《国有资产管理》2017 年第 5 期

构建比较科学的国有企业工资总额分类监管体系

内容摘要：本文从国有资产监管机构的视角出发，深入分析了工资总额预算管理的现状，工资总额分级监管体系改革的关键，以及如何初步构建以管资本为主的工资总额分类管理体制，以期对国有资产监管机构、国有企业和其他企业提供借鉴。

"完善国有资产管理体制，以管资本为主加强国有资产监管"，是新时期对提高国有资产监管能力和水平提出的新要求，这就要求我们积极探索和完善与之相适应的收入分配监管方式方法，围绕国有企业功能定位深化工资总额预算管理，进一步提高国有资产监管的科学化和精细化水平。

一、工资总额预算分类管理的现状

试行工资总额预算管理，调控企业职工平均工资水平，是出资人依法履行职责、贯彻落实党的十七大精神的重要举措，是企业收入分配调控方式的重大改革创新，有利于实现企业工资总额分配的效益导向与市场化原则相结合，有利于建立健全企业职工工资收入的正常增长机制。

（一）工资总额预算分类管理的提出

为了切实履行国有资产出资人职责，维护所有者权益，完善企业收入分配调控机制，2009年，国资委开始推行工资总额预算管理，"工效挂钩"等办法逐渐淡出人们的视线。经过国资委几年来的实践和探索，企业工资总额预算管理，包括预算、调整、清算和重大事项备案在内的一系列管理体系已较为完善。通过构建预算管理体系，进一步贯彻落实了国家关于"提低、扩中、控高"的工资总额分配政策。国资委实行工资总额预算管理以来主要有以下三点收获：一是初步建立了工资增长与效益增长的联动机制；二是初步建立了以工资预算目标为中心的人工成本调控管理体系；三是初步缩小了企业内、企业间的收入分配差距。

但是，国资委监管的国有企业在行业分布、资产规模、盈利能力等方面的差异较大，如何针对不同类型企业进行差异化管理、实施有效监管，一直是个难点问题。这就促使我们围绕企业效益、工资水平情况，实施差异化管理，初步实现工资总额预算的分类管理。

（二）工资总额预算分类管理的实施

为了实施预算的分类管理，针对不同类型企业，早期是按照盈亏情况、企业工资水平，根据企业效益、人工成本承受能力和劳动力市场价位，对企业职工工资总额和工资水平及增长做出预算安排并进行差异化管理：一是企业盈利且预算利润较上年增长的，依据企业职工平均工资高于所在地城镇单位在岗职工平均工资但不超过2.5倍、高于2.5倍以上3倍以下以及高于3倍及以上的情况，在企业工资指导线范围内相应调控其平均工资增长；二是当年预算利润实现扭亏为盈的，其职工平均工资增长原则上不高于企业工资指导线基准线，其中对于企业职工平均工资高于所在地城镇单位在岗职工平均工资 2.5 倍及以上的，原则上职工平均工资不得有增长；三是当年预算利润减少亏损但未实现盈利的，其职工平均工资增长不得高于企业工资指导线下线，其中企业职工平均工资高于所在地城镇单位在岗职工平均工资 2 倍及以上的，原则上职工平均工资不得有增长（对于减亏幅度达到 50% 及以上的，可按企业工资指导线下线增长）；四是当年预算利润增加亏损或由盈利变为亏损的，其职工工资原则上不得有增长，但企业职工平均工资低于所在地城镇单位在岗职工平均工资的，可按不高于企业工资指导线下线安排职工工资增长。

虽然各地国资委工资总额预算分类管理方式不统一，探索分行业调控和分类指导的进展不平衡，但是工资总额预算分类管理的初步实施为促进国有资产保值增值提供了有力的保障支持。

（三）工资总额预算分类管理的深化

实行工资总额预算分类管理，实质是解决好收入与分配问题，这是构建和谐企业，促进企业长久发展的需要，在不断推进企业工资总额预算分类管理政策的基础上，以搭建平台、健全机制、转变方式、调节关系为重点，全面推进了分类管理工作，进一步完善了企业工资总额预算管理体系。虽然，实行工资总额预算分类管理取得了初步成效，但也存在分类管理比较粗放、管理未延伸到企业内部的问题，分类管理的激励导向不尽合理，"效益升，工资升；效益降，工资降"的企业分类管理决定机制没有真正建立。同时，分级履行出资人职责难以到位，集团公司所出资企业行业差别、业务成熟度、规模、效益和市场化程度不同，如何积极探索与出资企业特点相适应的差异化管理，从而将分类管理延伸到集团公司所出资企业等问题一直受到人们的关注。

随着我国国有资产管理体制改革稳步推进，党的十八届三中全会从坚持和完善基本经济制度，推动国有企业完善现代企业制度出发，提出了"准确界定不同国有企业功能"的要求，对国有企业进行类别划分，分类推进国有企业改革的总体要求。由此可见，首先，国有企业的功能界定与分类是新形势下深化国有企业改革的重要内容，是因企施策推进改革的基本前提；其次，在国有企业功能界定的基础上，深化国资国企改革，"以管资本为主加强国有资产监管"，势必要求我们积极探索和形成比较合理的工资总额分类管理模式，从工资水平定位、工资增长管理机制、管理模式等战略角度，合理确定与其相适应的分类管理政策，逐步探索不同功能企业的工资增减空间；再次，国资委主要依据与功能定位相适应的方式方法管控委管企业集团总部，以管资本为主的分类管理的有效传导依赖出资人职责的分级履行。

二、工资总额分类监管体系改革的关键是功能界定和科学分类

中共中央、国务院《关于深化国有企业改革的指导意见》对国有企业进行了类别划分，提出了分类推进国有企业改革的总体要求。

（一）国有企业功能界定和分类的原则

国有企业被分成竞争类（或称商业类）和功能类（或称公益类），与以往几轮国有企业改革相比，这是新一轮改革的亮点。分类是国有企业改革的一个重大突破，它是整个国有企业改革的前提和基础，决定着国有企业改革的全局，更涉及未来要推进的混合制改革以及国有企业并购

重组等资本运作。企业分类可从多种维度上划分：从所有制维度上，可划分为国有独资和混合制企业；从经营维度上，可划分为垄断性和竞争性；从服务对象维度上，可划分为公共服务型和非公共服务型；从盈亏维度上，可划分为盈利企业和亏损企业；从功能目标维度上，可划分为功能性和竞争性。这次分类主要是从功能目标维度上进行划分的，竞争类是以经济效益和资本回报（保值增值）为主要目标、以市场调控为主要手段的国有企业；功能类则是那些处于公共服务行业和领域、以社会效益和完成政府任务为主要目标、以国家调控为主要手段的国有企业。

准确界定不同国有企业功能并科学分类，是深化国有企业改革的重要前置性工作。完善现代企业制度、发展混合所有制经济、改组或组建国有资本投资运营公司等重大改革举措的完善和落地，都需要以清晰界定国有企业功能与类别为前提。对国有企业一概而论、不加区分地推行改革，将会使改革措施缺乏针对性，实施效果也会大打折扣。对国有企业进行功能界定与分类，有利于根据不同类型企业特点有针对性地推进改革，将改革引向深入。

（二）依据功能界定和类别实行分类监管

各级履行出资人职责机构成立以来，进行了一系列差异化监管的尝试，但由于没有明确国有企业的功能界定和分类，在监管措施、监管内容、监管要求、监管方式等方面仍存在"一刀切"的现象。对国有企业进行功能界定与分类，有利于推进分类监管、分类定责、分类考核，增强国有资产监管的科学性、针对性和有效性。

对主业处于充分竞争行业和领域的竞争类国有企业，重点加强对集团公司层面的监管，落实和维护董事会依法行使重大决策、选人用人、薪酬分配等权利，保障经理层经营自主权，积极推行职业经理人制度。

对主业主要承担重大专项任务的功能类国有企业，重点加强对国有资本布局的监管，引导企业突出主业，更好地服务国家重大战略和宏观调控政策，要把提供的公共产品、公共服务的质量和效率作为重要监管内容，加大信息公开力度，接受社会监督。

（三）分类管理的有效传导依赖出资人职责的分级履行

党的十八届三中全会通过的《中共中央关于全面深化改革若干重大问题的决定》中，明确要求"完善国有资产管理体制，以管资本为主加强国有资产监管，改革国有资本授权经营体系，组建若干国有资本运营公司、支持有条件的国有企业改组为国有资本投资公司"。在这种新体制下，国资委是国有资本投资运营公司的主管，国有资本投资运营公司是国有企业的出资人。通过这种纵向改革，解决分层管理，切入点就是国有资本体制改革，要求改革国有资本授权经营体制，分级履行出资人职责。按照"谁出资谁分类"原则，由相应履行出资人职责的机构负责制定分类方案。

国务院印发的《关于改革和完善国有资产管理体制的若干意见》中也明确要求："加强对企业集团的整体监管，将延伸到子企业的管理事项原则上归位于一级企业，由一级企业依法依规决策。"这就要求履行出资人职责机构直接监管的企业集团，根据需要对所出资子企业进行功能界定和分类，并且结合所出资企业不同发展阶段承担的任务和发挥的作用，适时对所出资子企业的功能定位和类别进行动态调整。

三、构建以管资本为主的工资总额分类管理体制

工资总额管理是国家调控国有企业收入分配总体水平的重要方式，也是国资委以管资本为主加强国有资产监管的重要手段，进一步完善工

资总额管理，对于妥善处理国家、企业、职工分配关系，推动国有企业转换经营机制，具有重要意义。国务院国资委等部委联合印发的《关于国有企业功能界定与分类的指导意见》中明确要求："有关方面在研究制定国有企业工资收入分配制度改革等具体方案时，要根据国有企业功能界定与分类，提出有针对性、差异化的政策措施。"为了更好地落实中央深化国有企业收入分配制度的改革精神，按照以管资本为主加强国有资产监管的总体要求，应积极探索与企业功能相适应的工资效益联动机制，对人工成本投入产出较为合理的竞争类企业，给予较大工资增长空间；对人工成本投入产出较为合理的功能类企业，给予适度的工资增长空间；对人工成本投入产出不合理的企业，降低工资增长空间，科学确定国有企业工资总额分类管理的政策措施。

（一）竞争类国有企业的工资总额监管方式

按照以管资本为主加强国有资产监管的总体要求，国资委应制定竞争类国有企业工资总额管理制度，建立与经济效益、投资回报相联系的集团总部工资总额决定机制，侧重实现"效益降，工资降"的定量化机制；对企业集团内部收入分配工作进行指导，加强对企业集团工资总额及其他重大收入分配事项的监督管理。具体可以从以下几个方面入手：

一是突出"两匹配"管理。竞争类国有企业明确集团总部工资总额应符合"工资总额增长与经济效益增长、职工平均工资增长与劳动生产率相匹配"的原则，并将企业内部工资总额预算管理体系纳入企业全面预算管理。

二是突出工资总额效益管理。竞争类国有企业工资增减额与企业经济效益直接挂钩，对其实行完全市场化分配机制，根据企业经营业绩考核目标完成情况，强化与经济效益、投资回报相联系的工资总额决定机制。

三是突出工资水平调控管理。竞争类国有企业工资增减额在突出效益导向、市场导向的同时，在经济效益相同的情况下，相对工资水平越低的企业工资增幅越高。竞争类国有企业的工资增幅在提质增效优异的特殊情况下可以超过企业工资指导线上线。

四是突出人工成本利润率管理。竞争类国有企业在工资总额增减额中增加人工成本调控，应引入人工成本利润率作为控制指标，注重企业人工成本的投入产出效益，促进企业降本增效，实行工资、人工成本与效益紧密挂钩，有效抑制人工成本的不合理增长。

（二）功能类国有企业的工资总额监管方式

按照以管资本为主，加强国有资产监管的总体要求，国资委应制定功能类国有企业工资总额管理制度，建立健全与经济效益、功能定位相适应的集团总部工资总额决定机制，侧重实现"效益升，工资升"的定量化机制；对企业集团内部收入分配工作进行指导，加强对企业集团工资总额及其他重大收入分配事项的监督管理。具体可以从以下几个方面入手：

一是突出工资总额基数原则。功能类国有资产对预算当年增加或减少人员需核增或核减时，应根据其所在层次的实际岗位水平核增或核减其工资总额，可以有效监管与集团总部人均工资水平增幅相匹配的员工结构层次。

二是落实功能效益匹配原则。功能性企业工资增减额与功能任务完成情况和经济效益挂钩，对其实行逐步提高市场化程度分配机制，根据经营业绩考核目标和功能任务完成情况，合理确定功能类企业的工资增长空间，强化与经济效益、功能目标相适应的工资总额决定机制。

三是落实工资水平合理原则。功能性企业工资增减额在既要考虑功能性业务指标完成情况，又要考虑经济效益的增减情况等因素的同时，在经济效益相同的情况下，相对工资水平越低的企业工资增幅越高。功能性企业的工资增幅原则上不得超过企业工资指导线上线。

四是落实人事费用率管理。功能类国有企业在工资总额增减额中增加人工成本调控，应引入人事费用率或人工成本总额占成本费用总额的比重作为控制指标，注重企业人工成本的投入产出效益，促进企业降本增效，实行工资、人工成本与效益和功能任务紧密挂钩，有效抑制人工成本的不合理增长。

同时，为落实企业集团内部自主分配原则，国资委将企业二级及以下企业的工资总额管理权限下放给企业集团，让企业更好地根据自身战略、结合实际情况统筹进行内部分配。既在给予企业集团相对可控的工资总额前提下严格规范企业的内部分配，又给予企业集团充分的内部分配自主权，最大限度地激发企业的内在活力。企业集团应当根据所出资控股子企业功能定位制定分类调控、能增能减的企业内部工资总额预算管理办法，建立工资效益联动机制，切实做到工资总额与企业效益紧密挂钩，切实解决收入"该高不高、该低不低"的问题。

总之，从根本上解决国有企业工资总额问题，在于通过国资国企改革的深化，完善企业法人治理结构，推进分配制度改革，完善竞争类国有企业和功能类国有企业不同类别的薪酬决定机制，建立健全必要的制度规范。

参考资料

1. 厉以宁：《中国经济双重转型之路》，中国人民大学出版社，2013 年。

2. 王一农：《国企负责人薪酬决定于国资国企改革的深化》，《国有资产管理》，2015 年第 2 期，第 41—43 页。

发表于《国有资产管理》2017 年第 5 期

国有企业工资总额预算管理的深化和拓展

内容摘要：本文结合我国国有资产改革与发展的新形势，从国有资产监管机构的视角出发，深入分析了国有企业工资总额预算管理的提出、实施和受限，分级、分类、分层级的管控方式，以及如何实现工资总额预算管理模式从财务模式到成本模式和价值模式的演变，以期为国有资产监管机构、国有企业和其他企业提供借鉴。

"完善国有资产管理体制，以管资本为主加强国有资产监管"，是新时期对提高国有资产监管能力和水平提出的新要求，这就要求我们积极探索和完善与之相适应的收入分配监管方式方法，深化和拓展国有企业工资总额预算管理。

一、工资总额预算管理的现状

国有企业工资总额管理体制改革与国资国企改革密切相关，先后采取了工资总额包干、工资计划控制、工效挂钩和工资总额预算管理等在内的多种形式，旨在加强工资总额宏观管理和调控，强化出资人工资总额管理。

（一）工资总额预算管理的提出

1985 年，为进一步搞好国有企业，国务院规定实行企业工资总额与经济效益挂钩，成为国家对企业工资分配的重要调控手段。国家相关部门规定，凡是具备条件的国有企业，都要实行工资总额与经济效益挂钩办法；不具备挂钩条件的，实行工资总额包干、工资计划控制办法。工效挂钩的重要原则是：坚持工资总额增长低于经济效益增长、实际平均工资增长低于劳动生产率增长的"两低于"原则。工效挂钩这个政策本身不完全是市场经济性质的，而是转轨过程中的过渡性办法，在当时有效地增强了企业的活力。但这种办法在实践中也存在着一些问题，比如"工效挂钩"使得在不同行业、企业工作的同类人员之间由于经济效益的差异而出现较大的工资差距。由于国有资源的垄断性功能，如果再继续实施这项制度显然对其他性质的企业是不公平的。

随着我国社会主义市场经济体制改革的不断深化和国家财税政策的调整，迫切需要探索国有企业工资总额决定新机制和调控新办法。2009年，国资委开始推行工资总额预算管理，"工效挂钩"等形式将逐渐淡出人们的视线。工资总额预算管理是指企业按照国家收入分配政策规定和出资人的调控要求，根据企业效益、人工成本承受能力和劳动力市场价位，对企业职工工资总额和工资水平及增长做出预算安排并进行规范管理的活动。试行工资总额预算管理，调控企业职工平均工资水平，是出资人依法履行职责的重要举措，是企业收入分配调控方式的重大改革创新，有利于实现企业工资分配的效益导向与市场化原则相结合，有利于建立健全企业职工工资收入的正常增长机制。

（二）工资总额预算管理的实施

经过国资委几年来的实践和探索，企业工资总额预算管理，以四川国资委工资总额预算管理为例，包括工资总额预算、工资总额调整、工资总额清算和重大事项备案在内的一系列管理体系已较为完善（见图1）。虽然各地国资委工资总额预算管理方式不统一，但是工资总额预算管理为促进国有资产保值增值提供了有力的保障支持。

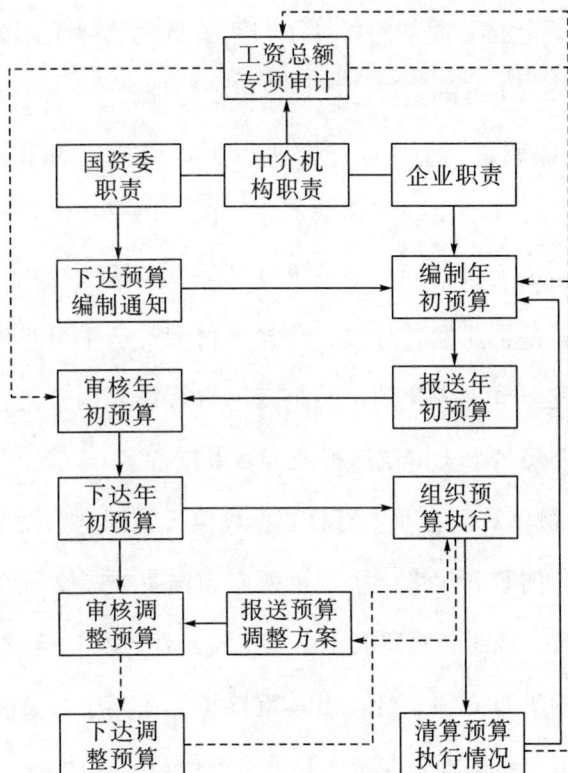

图1　企业工资总额预算管理流程

1. 工资总额预算。企业应当按照"上下结合、分级编制、逐级汇总"的程序，依照产权关系，以企业法人为单位，层层组织做好工资总额预算编制工作。企业工资总额预算编制范围，原则上应与年度财务决算合并报表范围相一致，包括集团本部和所属各级全资、控股子企业。企业预算管理指标由经济效益预算指标和工资总额预算指标构成。企业经济效益预算指标以利润总额为主，一般以财务决算数为基础，剔除非经营性因素后确定。其中，集团本部利润总额的考核口径与本年度企业负责人经营业绩考核中利润总额目标值一致。企业工资总额预算指标由工资总额预算基数和预算增长额两部分组成。

企业工资总额预算按出资关系实行分级管理、逐级审核。集团公司负责审核下属子企业工资总额预算，国资委负责审核集团公司工资总额预算，对集团公司本部的工资总额预算单独调控。

2. 工资总额调整。企业应严格执行国资委核定的年度工资总额预算，在预算执行过程中出现下列情形之一的，可予以调整：一是国家收入分配政策发生重大调整的；二是市场环境发生重大变化引起企业效益大幅变动的；三是企业发生分立、合并等重大资产重组行为导致企业效益、职工人数发生重大变化的；四是其他重大影响因素。企业工资总额预算调整方案要经董事会审议后报国资委审核备案。

3. 工资总额清算。企业工资总额预算执行情况列入国资委年度工资总额清算的审计内容。年度终了，企业应向国资委提交全年工资总额预算执行情况报告，同时，对所属子企业工资总额预算执行情况进行清算，并组织中介机构进行专项审计，出具审核意见。其中，集团本部的工资总额预算执行情况由国资委委派中介机构进行专项审计。

4. 重大事项备案。企业内部收入分配改革方案及收入分配的重大事项，应履行内部民主程序和决策程序，依照法定程序规范操作，并报国资委备案。

（三）工资总额预算管理的受限

实行工资总额预算管理，实质是解决好收入与分配问题，这是构建和谐企业、促进企业长久发展的需要。国资委实行工资总额预算管理以来有以下三点收获：一是建立了工资效益联动机制。预算管理是根据企业经济效益的预测和工资浮动系数确定工资预算增长额，按照"上下结合、分级编制、逐级汇总"的程序，层层编制工资总额预算，将预算明细到各下属分（子）公司，有效地防止集团合并利润亏损导致所有职工工资都不能增长的现象，真正建立了工资增长与效益增长的联动机制。二是提升了企业内部管理水平。工资预算管理是企业全面预算管理体系的一个重要组成部分，通过建立工资预算管理制度，规范和细化企业预算编制、申报、执行、调整等各项工作，有利于建立以工资预算目标为中心的人工成本调控管理体系，建立全面预算管理、工资性支出管理、工资类基础管理等制度，从而加强企业内部管理，不断促进企业提升管理水平。三是缩小了企业间收入分配差距。通过构建工资预算管理体系，进一步贯彻落实国家关于"提低、扩中、控高"的分配政策，工资水平较高的企业，其增幅得到了控制，工资水平较低的企业，其工资水平得到了大幅提升。

虽然，实行工资总额预算管理取得了一些成效，但是由于工资管理比较粗放、管理未延伸到企业内部的问题，公司法人治理尚待完善，因此在实际工作中，我们也遇到一些问题：一是平均主义色彩还较浓。虽然企业工资总额和工资水平的增长得到了有效管理，但企业内部工资分配中还存在平均主义、吃"大锅饭"现象，主要表现在企业高层副职分配未拉开差距、职工工资增长存在普调等。二是市场化导向体现不足。当前劳动力市场价位在国有企业收入分配中还没有充分体现，主要表现在企业低端岗位高于劳动力市场价位，而高端岗位又低于市场价位的现象仍然存在。三是激励导向不尽合理。大多数企业实行的仍然是以岗位工资为主的内部分配制度，企业内部收入分配的激励和约束机制没有真正建立，分配方式较为单一，改革创新力度不大，内部分配结构不够合理，没有体现向重点岗位和关键岗位倾斜。

二、工资总额预算管理的深化

针对工资管理中存在的问题，我们不断地进行总结分析。自 2012 年起，我们开始进一步细化工资总额预算管理措施，采取分级、分类、分层级的方式调控企业工资总额。

（一）分级管理工资总额

一是管住总量，国资委按照财务合并报表口径核定企业集团工资总量。二是管住集团本部，国资委对集团公司本部工资实行单独调控。三是放活子公司，集团公司按照有关规定对下属子公司工资总额进行管理，调控措施相对灵活，其具体方案报国资委备案。

（二）分类调控工资水平

一是一般竞争性企业，对盈利企业，按照效益导向的原则，根据工资预算办法，核定其效益工资增长额；对亏损企业，亏损增加或由盈利变为亏损的，其工资原则上不得有增长，但职工工资低于所在地社平工资的，可按不高于指导线下线安排增长。二是一般功能性企业，根据社平工资、监管企业工资水平、行业水平和样本监管企业水平测算情况，确定其工资水平，按照不同行业特点实行市场化调节与出资人调控相结合的工资分配机制核定其工资增长额。三是对未转入正常生产经营企业

（如在建工程等），由国资委结合企业人员状况，参照同类型企业、监管企业工资水平和所在地社平工资等因素确定。四是企业市场化选聘引进的经理、专业人才，实行协议工资，由企业参照劳动力市场价位协商确定，据实核增单列。分类调控实施后，监管企业积极响应分类调控方法，认真探索调控手段，工资管理水平得到了提升。例如，交投集团对所属企业按照收费性质进行分类考核，分类计算工资增长，大大提高了工资调控的针对性、有效性。

（三）分层级编制工资预算

按照"控差距、调结构，控水平、调增幅"的思路，国资委在审核企业工资预算时，将企业是否做到工资增长向专业技术人员和一线职工倾斜作为预算审核的重点，以引导企业收入分配向创造价值的专业技术人员、一线职工倾斜。

1. 集团本部按照"企业负责人、中层干部、中干以下职工"三个层级编制预算。国资委在审核其预算时，主要把控四个方面：第一，负责人的薪酬总额在预算工资中单列。国资委只确定企业法定代表人的绩效薪酬标准（分配系数为1），同时按照平均不高于0.8的系数核定其他负责人绩效薪酬总额，将其他负责人的分配权下放给企业董事会，其中贡献突出的经营班子主要负责人，其分配系数可以超过法定代表人；职工平均工资未增长的，负责人薪酬不得增长，保持企业负责人薪酬水平与职工工资水平的合理关系。第二，集团中层管理人员的工资增幅不得超过中层以下职工的工资增幅，集团本部职工的工资增幅不得超过下属子公司职工的工资增幅，以缩小企业内部的收入分配差距。第三，对集团本部职工工资水平低于监管企业集团本部平均水平的，其工资增幅可按不高于下属子公司职工工资增幅控制，集团本部职工平均工资超过监管企业集团本部平均水平的，其工资增长按以下原则调控：1.0—1.5倍的，按不高于××％增长；1.5—2.0倍的，按不高于×％增长；2.0倍以上（含2.0倍）的，每两年增长×％，以缩小企业间的收入分配差距。第四，允许在集团本部工资预算中单列对子公司的专项奖励，本部职工不得使用，以鼓励集团公司加大对子公司的考核奖励力度。

2. 子公司按照"企业负责人、中层管理人员、基层管理人员、专业技术人员和一线职工"五个层级编制工资预算。我们要求集团公司在审核子公司的预算时，重点审核子公司是否做到以下三个方面：第一，符合效益导向原则，企业工资增长必须与其效益增长密切挂钩；第二，按照"企业负责人、中层管理人员、基层管理人员、专业技术人员和一线职工"五个层级进行编制申报，并坚持工资增长向一线职工倾斜；第三，专业技术人员工资增长应当高于本企业平均增长，管理人员工资增长应当低于一线职工平均增长。

从执行情况来看，国资委分级、分类、分层级调控企业工资总额措施的成效已初步显现：一是工资管理的效益导向逐步显现。各企业根据发展战略和企业生产经营的需要，合理编制工资预算，加强人工成本管理，"效益增工资增，效益降工资降"的理念逐步形成。二是国家提出的"提低、扩中、控高"的收入分配政策得到了进一步落实，对一线职工收入普遍较低的企业，在工资分配上加大了倾斜力度。比如，对收入水平较低的川煤集团一线职工，通过合理定岗定员、调增井下津补贴、调整生产一线工资定额单价、调节地面职工与井下一线职工的工资结构比例、增大安全生产奖励额度等措施，确保一线职工工资得到增长。三是工资预算管理的激励约束机制初步建立。例如，外贸集团按照效益导向的原则，根据工资预算办法，在虽盈利但效益下滑的情况下，工资水平下降1.46％，体现了效益降工资降的工资分配导向。

三、工资总额预算管理的拓展

为了逐步健全与以管资本为主的要求相适应的收入分配监管模式，完善与企业功能定位相适应的激励约束机制，积极面对国有企业收入分配中出现的诸多新问题、新挑战，有必要探索应用人工成本对标管理、导入 EVA 完善工资总额决定机制，从而实现国有企业工资总额预算管理模式从财务模式到成本模式和价值模式的演变。

（一）人工成本调控工资总额预算

为了强化效益决定分配的原则，有必要进一步规范和细化工资总额预算管理流程，建立以工资总额预算目标为中心的人工成本调控管理体系，更加合理地确定企业工资总额和工资水平，督促企业加强人工成本控制，促进人工成本增长与企业竞争力提高相适应。人工成本指标可以选择人工成本总额增长率和人工成本总额占成本费用总额的比例来衡量：

人工成本总额增长率＝（报告期人工成本总额÷报告期上年人工成本总额－1）×100％

人工成本占总成本费用的比例＝（报告期人工成本总额÷报告期成本费用总额）×100％

评价系数的测算公式如下：

横向评价系数＝1/2［Ln（企业报告期人工成本总额增长率/监管企业集团报告期人工成本总额增长率基准值）＋Ln（企业报告期人工成本占总成本费用的比例/监管企业集团报告期人工成本占总成本费用的比例基准值）］；

纵向评价系数＝1/2［Ln（企业报告期人工成本总额增长率/企业报

告期上年人工成本总额增长率）＋Ln（企业报告期人工成本占总成本费用的比例/企业报告期上年人工成本占总成本费用的比例）]

人工成本横向评价系数是指企业人工成本投入产出效率与监管企业平均水平的对比情况。系数等于0说明企业人工成本投入产出效率达到监管企业平均水平，大于0说明高于监管企业平均水平，小于0则说明低于监管企业平均水平。

人工成本纵向评价系数是指企业人工成本投入产出效率的改善状况。系数等于0说明企业人工成本投入产出效率保持稳定，大于0说明处于上升趋势，小于0则说明处于下降趋势。

这样就可以根据企业集团本部职工工资水平高于或低于监管企业集团本部平均水平的具体情况，合理确定不同企业的职工工资增长指导线。指导线包括上线、中线和下线三条线。

企业集团本部报告期平均工资低于监管集团本部平均水平的，按如下方法确定预算增幅：人工成本横向评价系数以及纵向评价系数均大于0的，预算增幅可适度突破指导线上线；以上系数其中一个大于0的，预算增幅可在中线与上线的均值以上安排，但不得突破上线；两个系数均小于0的，预算增幅可在中线以上安排，但不得突破中线与上线的均值。

企业集团本部报告期平均工资高于监管集团本部平均水平的，按如下方法确定预算增幅：人工成本横向评价系数及纵向评价系数均大于0的，预算增幅可在中线与上线的均值以上安排，但不得突破上线；以上系数其中一个大于0的，预算增幅可在中线以上安排，但不得突破中线与上线的均值；两个系数均小于0的，预算增幅不得突破中线。

（二）EVA调控工资总额预算

围绕以管资本为主的要求不断完善收入分配监管方法，就是要更加突出出资人代表性质，监管目标应从权益维护向价值创造转变，在完善工资总量决定机制的前提下，积极探索以 EVA 为主要业绩评价依据决定分配。我们可以从"工效挂钩"的计算公式进行演变，工效挂钩常见的是"工资总额与实现利润挂钩"，且以企业上年实现利润等为经济效益指标基数。导入 EVA 后，我们将企业工资总额同 EVA 挂钩，企业工资总额的确定以企业年度实际完成的 EVA 为计算依据，这样"工效挂钩"的计算公式（工资总额与实现利润挂钩）变为：

当年工资总额＝工资总额基数＋（当年实现利润净增加额÷实现利润基数）×工资总额基数×挂钩浮动比例＝上年工资总额＋（当年 EVA 实际完成数－上年 EVA 实际完成数）×挂钩浮动比例

EVA 的导入有四个方面的好处：比利润指标更客观地衡量企业业绩；对不同企业的调控更加规范；突出强调了投资回报的思想；比较容易解决现行分配方式中的一些问题，尤其是解决单纯以利润为挂钩指标易导致的企业短期行为。由于导入 EVA 必然要考虑资本成本，这一办法较易实现从现行调控企业工资总额向调控人工成本总额及人均工资水平的过渡。

（三）收入分配监管拓展了工资总额预算

财政部于 2007 年 1 月 1 日发布了新会计准则，取消了"应付工资""应付福利费"会计科目，增设了"应付职工薪酬"科目，核算企业根据有关规定应付给职工的各种薪酬；按照"工资""职工福利""社会保险费""住房公积金""工会经费""职工教育经费""解除职工劳动关系补偿"等应付职工薪酬项目进行明细核算，即将职工福利费列入职工薪酬范围核算。另外，依据《关于企业加强职工福利费财务管理的通知》（财企〔2009〕242 号）规定：企业为职工提供的交通、住房、通信待遇，已经实行货币化改革的，按月按标准发放或支付的住房补贴、交通补贴或者车改补贴、通信补贴，应当纳入职工工资总额，不再纳入职工福利费管理；尚未实行货币化改革的，企业发生的相关支出作为职工福利费管理，企业给职工发放的节日补助、未统一供餐而按月发放的午餐费补贴，应当纳入工资总额管理。由此可见，将"职工福利"中的现金纳入"工资"，规范了福利费的财务列支问题。

出资人工资总额管理的范围是"应付职工薪酬"还是"工资"呢？出资人工资总额管理的范围包括发放给企业职工的全部现金，但是，实际操作中的出资人工资总额管理的监管外延比较宽泛，已经将工资总额管理拓展到了收入分配。狭义的出资人工资总额管理，应该是"应付职工薪酬"科目中的"工资"；广义的出资人工资总额管理，包括"工资""职工福利""社会保险费"（五险）和"住房公积金"（一金）；更加宽泛的出资人收入分配管理，包括"工资""职工福利""社会保险费""住房公积金""企业负责人年度薪酬""企业负责人年度职务消费"等。

《关于进一步规范中央企业收入分配秩序严肃收入分配纪律有关事项的通知》（国资发分配〔2013〕198号）则再次明确将工资总额管理拓展到收入分配，并对企业收入分配进行了规范要求，以实现对企业的收入分配实行有效监管：

狭义工资总额＝"工资"；

广义工资总额＝"工资"＋"职工福利"＋"五险一金"；

收入分配＝"工资"＋"职工福利"＋"五险一金"＋企业负责人年度薪酬＋企业负责人年度职务消费。

参考资料

四川省国资委：《积极探索　勇于创新　努力构建省属企业工资总额

管理新机制》，载《2013年度全国地方国资委劳动用工和收入分配座谈会》，国务院国资委分配局，2013年，第7—13页。

发表于《中国人力资源开发》2014年第14期

国企建立以经济增加值（EVA）
为核心的考核分配体系初探

内容摘要： 本文认为国有企业考核分配在保持挂钩办法基本稳定的前提下，既要注重利润指标相对值的考核，也要导入经济增加值（EVA）考虑资本成本，变薪绩挂钩和工效挂钩为"薪经挂钩"和"工经挂钩"，建立以 EVA 为核心的考核分配新体系，从而提升薪绩挂钩和工效挂钩。

企业负责人的薪酬收入同业绩考核挂钩（薪绩挂钩）和企业工资总额同经济效益挂钩（工效挂钩）是国资委对国有企业分配进行调控的两种重要方式，笔者认为薪绩挂钩、工效挂钩框架下 EVA 的导入，将是考核分配深层次上的突破。

一、薪绩挂钩框架下 EVA 的导入

目前，各级国资委对国有企业负责人的年度经营业绩考核，大都使用了利润总额和净资产收益率。应当说，在现阶段强调这两个指标很重

要，但有效消除传统会计制度下利润指标的缺陷，确定科学合理的考核目标值，提高分类考核水平和解决业绩考核与战略规划的衔接问题仍然是一个共性问题，这就需要我们导入 EVA，提升经营业绩考核。为了综合考量资本的使用效率，我们将 EVA 替代年度经营业绩考核中的年度利润总额指标和分类指标，保留净资产收益率，这样"年度经营业绩考核的综合得分"的计算公式变为：

年度经营业绩考核的综合得分＝EVA 得分×经营难度系数＋净资产收益率指标得分×经营难度系数 ……………………………………（1）

经营业绩考核框架下以 EVA 为核心的年度任期考核变动如下：

1. 年度考核

年度 EVA 指标的基本分为 60 分。企业负责人完成目标值时，得基本分 60 分；超过目标值时，每超过 X％，加 1 分，最多加 12 分；低于目标值时，每低于 X％，扣 1 分，最多扣 12 分。X 依据考核企业测算。

净资产收益率指标的基本分为 40 分，由目标值部分和行业标准值部分构成。

（1）目标值部分基本分 28 分。完成目标值时得 28 分；高于目标值时，每高 0.5 个百分点，加 0.5 分，最多加 5 分；低于目标值时，每低 0.5 个百分点，扣 0.5 分，最多扣 5 分。

（2）行业标准值部分基本分 12 分。达到全国同行业同类型企业净资产收益率平均值，得 12 分，达到优秀级加 3 分、良好级加 1.5 分，较低级扣 1.5 分、较差级扣 3 分。

2. 任期考核

任期经营业绩考核的综合得分等于企业负责人三年内的年度经营业绩考核综合得分的算术平均值。

为了逐步过渡到以价值管理为重点的业绩考核体系，我们还可以取消净资产收益率，这样（1）式变为：年度经营业绩考核的综合得分＝EVA 得分×经营难度系数。

薪绩挂钩框架下，EVA 的导入有四个方面的好处：

第一，避免了考核目标值的讨价还价。将上一年实现的 EVA 作为目标值，完成目标值时得基本分，超过或低于目标值时进行相应的加减分，如此可以避免企业负责人就考核目标值进行讨价还价，促使企业在不增加资本的情况下增加利润，促使其尽快将非生产性资产变现，以减少资本成本。相应的（1）式中的净资产收益率亦可以将上一年实现的净资产收益率作为目标值，或采用目前的办法作为过渡。

第二，能够把发展战略与业绩考核更紧密地结合起来。目前的任期经营业绩考核主要解决两个问题，一是任期财务指标，二是延期支付任期内累计的每年度 40％绩效年薪。引入 EVA 后，可以考虑省略任期财务指标考核，节省大量考核资源。这是因为：一是 EVA 为企业提供了一个统一的价值指标，可以延伸并指导企业的多种财务指标，包括国有资产保值增值和三年主营业务收入平均增长率等；二是设立专门账户来解决延期支付，绩效年薪的 60％在年度考核结束后当期兑现，其余 40％转入个人专门账户，根据任期考核结果等因素延期到连任或离任的下一年兑现。

第三，对投资类企业考核更加合理。对战略性投资，在投资开始获得经营利润之前，先将所投入的资金及其资本成本，全部在一个临时账户中预存起来，等项目开始获得经营利润，再考虑其资本成本，在适当的期限内摊销。这种处理方式能使企业负责人对其战略性投资决策负责，也使考核者较易认定投资公司的目标建议值。

第四，对亏损企业考核更加规范。目前对亏损企业的考核，考核指标的加减分标准是减亏部分折半计算、盈利部分正常计算；资不抵债企业无法采用净资产收益率指标;对于减亏但仍然处于亏损状态的企业,考核得分级别不超过 C 级最高限等做法并不太令人满意。引入 EVA 后,一家当前 EVA 为负的问题企业如果能减少负值,那么这家企业与 EVA 的明星企业进一步提高正值同样能有效提高业绩、创造价值,以业绩的改善为标准作为绩效考核,使企业负责人站在了同一起跑线上,使亏损企业考核更加规范。

二、工效挂钩框架下 EVA 的导入

工效挂钩常见的是"工资总额与实现利润挂钩""工资总额与实现利税挂钩""工资总额与实现利润和销售收入挂钩"(利润总额为主要挂钩指标)等,且以企业上年实现利润等为经济效益指标基数。导入 EVA 后,我们将企业工资总额同 EVA 挂钩,企业工资总量的确定以企业年度实际完成的 EVA 为计算依据,这样"工效挂钩"的计算公式(工资总额与实现利润挂钩)变为:

当年工资总额=上年工资总额+(当年 EVA 实际完成数-上年 EVA 实际完成数)×挂钩浮动比例

工效挂钩框架下,导入 EVA 有四个方面的好处:

第一,比利润指标更能客观地衡量企业业绩。EVA 使企业负责人的经营目标与出资人财富增长目标一致,符合两条基本财务原则。

第二,对不同企业调控更加规范。企业的特点使得某种挂钩形式可能在这家企业是举足轻重的,而在另一家企业却不那么重要。由于 EVA 从根本意义上是一项业绩评价和内部管理指标,可以延伸并指导企业的多种考核指标,能够把调控的共性要求和企业的个性特点统一起来。

第三,EVA 管理是处理国家、企业和职工三者间利益关系的重要杠

杆。推行 EVA 管理突出强调了投资回报的思想，把正确处理国家、集体、个人三者利益关系量化了，可以动员企业管理人员和广大职工为创造最佳绩效而努力。EVA 管理有利于工资政策的严肃性，适应新形势和企业改革发展的要求，进一步深化薪酬分配制度改革，便于形成"市场机制调节、企业自主决定、职工民主参与、国资委监控指导"的新格局。

第四，比较容易解决现行分配方式中的一些问题。母子公司关系为核心的新体制架构下，"新三会"功能发挥受到一些客观条件的约束；工效挂钩办法中两个基数的核定依据不充分，讨价还价的情况时有发生；突破"两低于"的原则要求，激励仍不够充分；单纯以利润为挂钩指标难以反映经营活动全貌，易导致短期行为。由于导入经济增加值必然要考虑资本成本，这一办法较易实现从现行调控企业工资总额向调控人工成本总额及人均工资水平的过渡。

三、EVA 的导入是考核分配深层次上的突破

EVA 的导入能充分体现考核分配的激励性、公平性、竞争性，能做到设计科学化、分配市场化、管理规范化。

导入 EVA 的最高原则。要使高层和员工切身认识到，增加个人收入的唯一途径就是为企业创造更多的财富，从而使高层和员工能够像股东那样思维和行动。

只对 EVA 的增量提供奖励。传统会计制度下，为了获得高额奖励，往往会激发许多不正当的短期行为用以虚增利润，而 EVA 激励只针对 EVA 的增量，可以有效克服短期行为，保证企业具有实实在在的效益。

不设奖金临界值和上下限。在 EVA 奖励模式中，奖金不封顶，EVA 增长越多，股东获得的财富越多，管理者相应得到的奖励就越多；同时

奖金又不保底，EVA如果是负数，奖金也可能是负的。这样就可以给管理者一种持续的激励，激发他们不断提升业绩。

按照目标设奖。一般情况下，新年度的EVA目标被设定为上一年创造的EVA，这意味着管理人员如果想得到高于上一年的收入水平，就必须设法提升本年度的EVA，这样就进一步强化了EVA的持续激励力度和强度。

设立奖金库。按照EVA激励模式，对经营管理者实施的奖励，并不是当年一次性付清，而是按照一定的比例先兑付一部分现金，其余转入专门的账户，被形象地称之为"奖金库"，在以后若干年中，逐步兑现。首先，在奖金库的个人账户上，负奖金将被扣除；其次，奖金库有效解决了企业现期激励与中长期激励有机统一的问题；再次，奖金库也可以有效避免"跳槽现象"。

发表于《中国人力资源开发》2007年第9期

高管薪酬

国有企业业绩考核体系的研究

内容摘要：国有企业角色的二重性决定其业绩考核体系应该由经营业绩和社会责任构成，探索国企社会责任的考核办法，是构建科学的国有企业业绩考核体系的关键所在。

国有企业角色的二重性决定其业绩考核体系由经营业绩和社会责任构成；财务指标和非财务指标结合的平衡模式强调考核对象的价值最大化，能够准确地评判国有企业的经营业绩；国有企业社会责任考核办法探索，是构建科学的国有企业业绩考核体系的关键所在。

一、国有企业角色的二重性决定其业绩考核体系的构成

在市场经济条件下，作为国有资本载体的国有企业，在宏观调控问题上往往表现为二重性：一是作为一般性的市场竞争主体，要获取利润，这决定了国有企业要接收政府宏观政策的调控，即成为调控对象；二是作为国家所有的经济组织，不同于其他经济成分，国有企业要在一定程

度上承担实现国家政治经济社会目标的责任，充当政府宏观调控的手段和实施宏观调控政策的促进者。这也可以概括为国有企业的两种职能，即经济职能和社会职能。这种二重性或两种职能在不同国家有不同定位。在资本主义国家，一般认为国有企业的主要职能是社会职能，国有企业所进入的领域被限制在"市场失效"和与国计民生关系重大的领域。

而在我国则不同，我国国有企业的主要职能定位于经济职能，而国有企业的社会职能则不如经济职能那样清晰。国有企业作为国家的一种重要企业形式，其典型的主导作用分三类：一是在涉及国家安全和国民经济命脉的行业、重大基础设施和重要矿产资源领域、提供重要公共产品和服务的行业，国有企业必须占据主导地位。二是在支柱行业和高新技术产业中，要有国有企业发挥骨干作用。三是在一些竞争性产业中，也需要国有企业发挥排头兵作用，占有一定市场份额，增强影响力。越是占据主导地位，其社会职能越是清晰。

诚然，国有企业的最高法定原则（即由其合法所有权所规定的最高原则）是公共利益原则，而并不是利润最大化原则。原因在于：一是国有企业是公共财政以企业形式的延伸，其首要职责是提供公共产品和公共服务，以弥补市场本身的缺陷，并不是作为一种普通的市场主体赚钱盈利，更不是作为一种垄断企业与民争利。二是国有企业的所有者是全体公民，国家代表人民行使所有权，国有企业领导层和员工只是国家雇员，不是国有企业的所有者，没有对国有企业的所有权。三是国有企业源于税收和财政支出，财政资金是公共资金，公共资金必须用于满足公共需要，因而国有企业也必须是满足公共需要的企业，而不能是以盈利为首要目的或唯一目的的企业。

国有企业角色的二重性及最高法定原则决定了其不应当也不可能完全套用单一的经营业绩考核模式。在追求经济效益的同时，履行社会责任是全社会对国有企业的广泛要求。所以，国有企业业绩考核体系得分应等于经营业绩考核得分和社会责任考核得分之和。

二、国有企业经营业绩考核模式探索

典型的企业经营目标有三种：利润最大化、股东财富最大化和企业价值最大化；相应的经营业绩考核模式有三种：财务模式、价值模式和平衡模式。每种模式的产生都有其深刻的背景，反映着企业管理面对环境挑战而涌现出来的与时俱进的创新精神。财务模式以利润最大化为目标，价值模式以股东财富最大化为目标，平衡模式以企业价值最大化为目标。财务模式是产生最早、至今仍得到广泛应用的适合营利企业的主要考核模式，现实中没有可信的证据说明利润决定股东财富，却有大量的相反证据。比如，一些公司为了不断地取悦股东，不惜采取那些能够提高账面利润但却毁坏价值的行动。价值模式和平衡模式都是基于财务指标进行了修正，前者是在利润基础上进行了一系列调整，后者是在财务指标基础上补充了非财务指标。价值模式和平衡模式都强调非财务指标的作用，不过前者没有将非财务指标作为价值模式的指标，后者将非财务指标作为平衡模式的指标；但是传统的以财务指标为主的财务模式忽视了非财务指标的作用。20世纪末发生在美国安然公司中的财务丑闻也暴露了财务模式的不足。该公司1998年的净利润为7亿多美元，每股盈利为1.1美元；1999年净利润为9亿美元，每股盈利近1.4美元；2000年净利润近10亿美元，每股盈利为1.2美元。但用EVA（价值模式之一）的分析方法来测算安然公司的业绩时，却得到一个截然相反的结论：1998年EVA值为负2亿美元，1999年为负3亿多美元，2000年为负6亿多美元。安然公司在2001年12月突然申请破产保护。

需要强调的是，经营业绩考核中财务指标和非财务指标结合模式的划分只是出于理论研究的方便，现实中并不存在完全泾渭分明的模式。财务指标和非财务指标，都是科学规范的企业管理体系中不可缺少的组成部分。财务指标和非财务指标相互结合、相互补充、互为校正，将有效地促进企业管理决策更加科学和合理。财务分析固然在多方面可以反映企业的财务状况，但就财务分析得出的结论本身而言，还不足以作为决策的全部依据。这是因为企业的综合状态、发展趋势等方面的问题，有些是难以用货币来表示的。有些非财务方面的信息对企业的信息使用者来说，比货币信息更重要。例如，两个财务状况相同（从报表信息看）的同类企业，一个处于上升期，另一个处于下滑期。它们只是在上升和下滑的过程中的某一时点表现为相同的财务状况。这种上升和下滑的发展趋势就不一定能从报表中反映出来。非财务指标能够有效地解释企业实际运行结果与预算之间的偏差。比如，市场占有率和产品质量等非财务指标长期以来就被企业用于战略管理，因为它们可以有效地解释企业利润或销售收入的变动。比如，代表企业竞争能力的无形资产无法用财务指标来反映，而稳定的客户群、强大的研发能力、快速的市场反应能力、高素质的管理人才等非财务指标，却可有效地反映出这种竞争能力。所以，尽管财务模式是适合营利企业的主要考核模式，价值模式是在利润基础上进行了一系列调整，从经营业绩考核实施的内部管理环境来看，我们更倾向于国有企业选择和探索平衡模式。财务指标和非财务指标结合的平衡模式强调考核对象的价值最大化，能够准确地评判国有企业的经济效益。有必要说明的是，平衡计分卡（可视为平衡模式之一）是一个管理系统，而不是一个考核系统。

另外，价值模式回避了经营业绩考核中最为困难的问题——权重，而财务模式和平衡模式一般要使用几个或更多的评价指标，对于指标的权重确定问题无法回避。从理论上讲，确定权重的方法有多种，似乎还很复杂，但是，从本质上讲，权重反映了对目标的重视程度，因而，在实务中大家采用了简便易行的定性方法来确定指标权重，如德尔菲法等。

三、国有企业社会责任考核办法探索

实际上，我国的国有企业从诞生那天起，就同时承担着沉重的社会责任，在报效祖国、服务社会、巩固党的执政基础、增强政府的宏观调控能力等方面，都做出了积极的贡献，如稳定经济、吸纳就业、反哺农业、支持教育、社会保障等。而且国有企业在改革过程中还要替政府支付改革成本，如国有企业下岗职工的生活保障支出。虽然这些功能实际地发生着，但常常被人为忽视。要保证国有企业获取最大的经济效益这一主要目标，不仅需要在体制上辅助以必要的财政政策，即支付国有企业在政治经济社会目标上的费用，还需要辅助以必要的考核政策，将经济职能和社会职能有机结合。这样分清两种职能，可以帮助出资人建立符合国有企业实际的、科学合理的、公正公平的业绩考核体系，促进国有企业以效益和效率优先，实现国有企业的良性循环。

国务院国资委于2007年12月颁布的《关于中央企业履行社会责任的指导意见》在社会上产生了很大反响。这说明全社会对国有企业履行社会责任高度关注，需要企业认真对待。从社会责任考核方面看，如何对国有企业履行社会责任进行有效考核，这是需要破解的一个难度比较大的问题。一是由于国有企业所处的行业不同、地区不同、发展水平不同，应承担的社会责任存在很大差异，要进行科学、准确的考核存在较大难度。二是国有企业的社会责任涉及面非常广泛，内容十分繁杂，要建立一套统一的社会责任评价机制难度很大。三是社会各方面对国有企业社会责任的认识不统一，政府、股东、员工、客户等各方面有着各自不同的期望和评判标准，出资人对国有企业社会责任考核如何满足各方面的要求需要不断探索。

积极探索国有企业履行社会责任的监督途径和考核办法，保证国有企业社会责任工作的扎实开展，是构建科学的国有企业业绩考核体系的关键所在。首先，要继续坚持把发展放在首位，发展是国有企业履行社会责任的重要基础。要继续坚持以投入产出为基础、经济效益最大化为导向的考核原则不动摇，继续把营业收入、利润总额、净资产收益率、国有资产保值增值率等发展指标作为考核的基本指标。其次，推进经济增加值考核工作，探索平衡模式。要努力掌握经济增加值的精髓，熟练应用经济增加值进行价值管理、考核评价和实施激励约束；探索将财务指标和非财务指标结合的平衡模式，强调考核对象的价值最大化，在实践中不断发现问题，找出具有中国特色的能够准确地评判国有企业经济效益的解决办法和途径。第三，要继续坚持考核指标"少而精"的原则。落实国有企业的社会责任，重点是要将国有企业社会责任的落实融入企业的日常管理工作中，将利益相关方的期待、国有企业可持续发展的战略要求、相关的国际标准和企业的实践经验，统一到管理的标准、流程，形成一套规范有效的制度，并据此激励和约束国有企业的行为。第四，要突出重点。要高度重视资源节约、环境保护、安全生产和优质服务等方面的工作，进一步细化奖惩办法，完善激励和约束机制。将节能减排指标纳入任期考核目标，国有企业应抓紧建立和完善节能减排监测体系、指标体系和考核体系，确保完成任务。对安全生产的总体要求、工作规范、报告程序、奖惩办法等要做出明确的规定，严格执行。第五，多种监管手段有机结合。经营业绩考核是做好国有资产监管工作的重要抓手，为有效发挥其导向作用，必须将经营业绩考核与其他监管手段相互配套衔接，形成工作合力。应统筹兼顾，把经营业绩考核与国有企业发展战略规划管理、纪检监察监督等工作紧密结合起来，将任期考核与董事会、经营班子、党委换届期统一，将年度考核与党建工作责任制、领导人员年度考核有机结合，将综合考核与奖惩、任用相一致，形成科学的业绩考核体系。

对国有企业负责人实施业绩考核，逐步建立健全一套管资产和管人管事相结合的、符合企业实际的、科学合理的、公正公平的业绩考核体系，是加强国有资产监管的一项基础性工作，更是出资人必须履行的重要职责。

发表于《国有资产管理》2019 年第 6 期

构建以财务预算为中心的国企考核分配体系探讨

内容摘要：本文探讨国有企业考核、分配体系中如何有效导入财务预算。

国有企业负责人的业绩考核同经济效益挂钩（绩效挂钩）和国有企业职工的工资总额同经济效益挂钩（工效挂钩）是国资委对国有企业收入分配进行调控的两种重要方式，笔者认为绩效挂钩、工效挂钩框架下财务预算的有效导入，将是考核分配体系深层次上的突破。

一、绩效挂钩框架下财务预算的导入

目前，各地国资委对国有企业负责人的年度经营业绩考核，基本指标大都使用了利润总额（净利润）和经济增加值等经济效益指标。应当说，在现阶段强调这两个指标很重要，但如何有效对接企业全面预算管理，确定科学合理的财务预算值，将财务预算作为反馈机制，提高考核水平，解决业绩考核与企业战略规划的衔接问题，仍然是我们面对的共性问题. 这就需要我们有效导入财务预算，按照经济效益指标财务预算值的先进程度确定业绩考核预算，按照经济效益指标业绩考核完成值较基准值的预算、清算增减程度，挂钩财务预算值的先进程度，综合确定业绩考核预算、清算增长幅度，并与结果评级紧密结合，提升经营业绩考核。

为了综合考量业绩考核，其指标可以分为预算段指标和对标段指标。预算段指标使用企业财务指标口径，将经济效益的预算段指标值与财务预算值完全挂钩；对标段指标使用企业业绩考核完成值指标口径，完成值指企业财务决算完成值中剔除重大不可比因素后的完成值，经济效益指标和基准值的确认与业绩考核同口径，基准值为前三年考核完成值的平均值或者上年度考核完成值，应根据企业发展处于上升、平稳和下降情况，结合行业对标情况设定。企业业绩考核预计完成值和完成值分别对应对标段的考核预算值和考核清算值。具体计算表述如下：

业绩考核分为预算段指标计分和对标段指标计分。

预算段指标计分可以采用分值计分或者档位计分。使用分值计分时，预算段指标的分值与企业合并报表口径的经济效益指标财务预算值挂钩，经济效益指标财务预算值计分分为基本分和增减分：完成预算值时，得基本分；超减预算值时，进行相应的增减分。使用档位计分时，预算段指标的档位与企业合并报表口径的经济效益指标财务预算值挂钩，经济效益指标财务预算值按照其处于前三年财务决算值的平均值或者上年度财务决算值的先进程度设置为相应的档位。

对标段指标计分包括：（1）考核预算时，业绩考核预算根据利润总额预计完成值较基准值的增减程度及财务预算值的先进程度，确定不同的预算水平，并与结果评级紧密结合。（2）考核清算时，业绩考核原则上根据经济效益指标完成值较基准值的增减程度和年初申报预算值的分值、档位进行相应的清算。

这样，通过财务预算挂钩业绩考核，完成预算"全覆盖"考核过程，将企业财务预算分解落实到业绩考核中，实现财务预算业绩考核全挂钩。

二、工效挂钩框架下财务预算的导入

工效挂钩常见的是"工资总额与实现利润""工资总额与经济增加值"等，但如何有效对接企业全面预算管理，确定科学合理的财务预算值，提高分配水平，解决工资总额与企业战略规划的衔接问题仍然是我们面对的共性问题。这就需要我们有效导入财务预算，按照利润总额财务预算值的先进程度和利润总额预计完成值、完成值较基准值的增减程度确定工资总额预算、清算增长幅度，提升工资总额决定机制。

为了综合考量工资总额，其指标也可以分为预算段指标和对标段指标。预算段指标使用企业财务指标口径，将利润总额的预算段指标值与财务预算值完全挂钩；对标段指标使用考核完成值指标口径，企业预计完成值和完成值分别对应对标段的考核预算值和考核清算值。具体计算表述如下：

工资总额分为预算段计分和对标段计分。

预算段计分可以采用分值计分或者档位计分。使用分值计分时，预算段指标的分值与企业合并报表口径的经济效益指标财务预算值挂钩，经济效益指标财务预算值计分分为基本分和增减分：完成预算值时，得基本分；超减预算值时，进行相应的增减分。使用档位计分时，预算段指标的档位与企业合并报表口径的经济效益指标财务预算值挂钩，经济效益指标财务预算值按照其处于前三年财务决算值的平均值或者上年度财务决算值的先进程度设置为相应的档位。

对标段计分包括：（1）工资预算时，工资总额预算根据利润总额预计完成值较基准值的增减程度及财务预算值的先进程度确定不同的预算水平，利润总额和基准值的确认与企业负责人经营业绩考核同口径。（2）工资清算时，工资总额原则上根据经济效益指标完成值较基准值的增减程度和年初申报预算值的分值、档位进行清算。对于经济效益指标决算值与预算值存在差异的，根据差异情况进行清算。

这样，通过财务预算挂钩工资总额，完成预算"全覆盖"分配过程，将企业财务预算分解落实到工资总额中，实现财务预算工资总额全挂钩。

三、财务预算的导入是考核分配深层次上的突破

财务预算的有效导入能充分体现考核分配的激励性、公平性、竞争性；财务预算的有效挂钩能做到考核分配设计科学化、分配市场化、管理规范化，这有利于加强企业财务预算管理，提升预算管理水平，落实企业战略规划，充分发挥考核分配的导向作用，是考核分配体系深层次上的突破。

一是科学、规范地发挥考核分配引领作用的原则。将企业财务预算值的先进程度与考核计分、工资总额增长紧密衔接，使企业财务与业绩考核目标、职工工资总额紧密挂钩。通过预算值的反馈机制、分档目标管理，充分发挥考核分配的引领作用，更好地激发企业自我加压的内生动力，在经济发展新常态下，加大提质增效压力。

二是高效、有力地实行考核分配全挂钩的原则。根据预算值的先进程度确定不同的预算水平，明确国有企业工资总额与业绩考核的决算和企业的财务预算值挂钩，鼓励企业主动追求"步步高"，抑制"低报机制"，引导国有企业实现完成高质量发展目标。

三是适度、适用地突出考核分配分类的原则。根据国有资本的战略

定位和发展目标，结合企业实际，对不同功能和类别的企业，突出不同考核分配重点，合理设置业绩考核和工资总额权重，确定差异化考核标准，实施分类考核。对于混合所有制企业以及处于特殊发展阶段的企业，根据企业功能定位、改革目标和发展战略，考核指标、工资总额可以"一企一策"确定。

四是全面、系统地强化考核分配运用的原则。业绩考核和工资总额应该始终坚持"业绩升、薪酬升，业绩降、薪酬降"的原则，强化考核分配与激励约束的紧密衔接，使企业高层和员工切身认识到，增加个人收入的唯一途径就是为企业创造更多的财富，从而使高层和员工能够像股东那样思维和行动。

党的十九大站在新的历史起点上，明确我国经济已经由高速增长阶段转向高质量发展阶段，做出了贯彻新发展理念、实现高质量发展的部署，提出了培育具有全球竞争力的世界一流企业目标。按照党中央、国务院的决策部署，以及中共中央、国务院《关于深化国有企业改革的指导意见》（中发〔2015〕22号）的改革精神，对国有企业经营业绩考核和工资决定机制提出了更高的要求，国资委在考核分配工作中应当主动作为，要推动国有企业不断提升市场的竞争能力，从理念思路、指标设计、目标确定、考核机制等方面进一步完善制度体系；应改变过去国有企业的考核结果和工资总额分别同经济效益指标体系单一挂钩的办法，统筹考虑企业战略规划、财务预算、业绩考核和工资总额等一揽子因素，进一步增强考核分配调控的针对性和有效性，在经济发展新常态下，发挥助力国有企业稳增长、激发和调动广大干部职工积极性的重要作用。

发表于《产权与资本》2019年第2期

构建比较科学的国企职业经理人
分类分层薪酬机制

内容摘要： 当前国企职业经理人薪酬机制存在的根本问题，是没有建立起与中国特色的公司治理结构相适应的薪酬机制。如何在理论上解决其依据，在实践中逐步建立起中国特色现代企业制度要求的薪酬机制呢？笔者谈点自己的看法。

一、国企职业经理人制度的现状

（一）国企职业经理人制度的提出

职业经理人是伴随现代企业制度诞生而出现并独立从事企业经营管理活动的专职管理人员，是企业所有权和经营权分离的前提下，从事企业经营管理活动的特定职业工作者。根据所处企业层级的不同，职业经理人可以分为一级企业职业经理人和下属子企业职业经理人。根据所处级别的不同，职业经理人还可以分为高级职业经理人和中级职业经理人；高级职业经理人是企业的决策者和领导核心，中级职业经理人是企业发展战略和计划的执行者。随着国有企业内部劳动人事分配三项制度改革的全面深化，企业各类管理人员一律实行聘任制、任期制，企业可以根据发展需要，实行公开选聘、择优录用各类管理人员，因此中级职业经理人的特征逐渐淡化，本文主要讨论企业层级的职业经理人。

2015 年 8 月 24 日，中共中央、国务院《关于深化国有企业改革的指导意见》中已经明确指出：推行职业经理人制度，实行内部培养和外部引进相结合，畅通现有经营管理者与职业经理人身份转换通道，董事会按市场化方式选聘和管理职业经理人，合理增加市场化选聘比例，加快建立退出机制。推行企业经理层成员任期制和契约化管理，明确责任、权利、义务，严格任期管理和目标考核。这是新时期国有企业职业经理人建设和管理的纲领性指导文件。

（二）国企职业经理人制度的实施

从 20 世纪末开始，我国就在积极探索符合现代企业制度要求的国有企业选人用人新机制。国资委成立以来，先后七次面向全球公开招聘中央企业高管，共为 100 多家企业招聘了 138 名高级经营管理者和高层次科研管理人才。从 2014 年开始，国务院国资委在宝钢、新兴际华、中国节能、中国建材、国药集团等五家中央企业落实了董事会选聘和管理经营层成员的职权。按照党组织推荐、董事会选择、市场化选聘、契约化管理的基本思路，新兴际华董事会选聘了总经理，宝钢、中国节能、国药集团选聘了 6 名副总经理，新兴际华董事会近期又市场化选聘了全部经理层副职。

与此同时，市场化选聘改革也在多个省市落地，并且将继续扩围。四川省已经正式印发《关于省国有重要骨干企业董事会选聘高级管理人员的指导意见（试行）》。意见明确以市场化改革为方向，加快建设一支充满活力的优秀职业经理人队伍，其中竞争性企业新任高级管理人员将以市场化选聘为主，功能性企业逐步提高高级管理人员市场化选聘比例，特别是在省内国有重要骨干企业加快进行职业经理人队伍建设，选聘范围包括总经理、副总经理、总会计师、总经济师、总工程师和公司章程规定的其他高级管理人员，选聘方式包括企业内部竞聘、社会公开招聘、市场寻聘、出资人推荐，等等。

（三）国企职业经理人制度的受限

可以说，国企职业经理人管理制度改革已经取得了一些成效，比较科学地明确了职业经理人的薪酬必须与业绩考核结果挂钩；与传统国有企业人事制度不同，市场化选聘的职业经理人将实行聘任制和契约化管理，其薪酬直接与考核结果挂钩，并充分体现"市场化来、市场化去"的原则。国资委将建立职业经理人市场化选聘的体制机制，包括什么样的职业经理人是优秀的职业经理人，如何鉴定其资质资格，他们的业绩如何评价，薪酬如何确定，提出了对国企职业经理人规范管理和挂钩的具体措施，职业经理人管理制度改革取得了实质性的突破。

但是，国企职业经理人制度改革的基础比较薄弱，社会各界认识难统一，这项改革的推进可以说是任务艰巨，不仅取决于良好的愿望和有效的管理制度安排，还取决于国企法人治理结构的完善、现代企业制度的建立、企业负责人市场化的配置等配套改革以及促进职业经理人发展的市场环境和社会环境的不断优化。概括起来：一是坚持党管干部原则与董事会依法产生、董事会依法选择经营管理者、经营管理者依法行使用人权相结合，不断创新有效实现形式。大部分职业经理人的市场化、职业化程度较低，干部身份的概念往往重于职业角色定位，经理人员关注重点往往不是外部市场与职业能力，而是上级领导的想法，机制制度建设与文化培育仍有待系统深度改革。二是对国企负责人的管理在本质上仍视同公务员，他们的行政级别虽被取消，但本质上与国家公务员一样，不是通过市场竞争而是通过行政任命上岗的，致使职业经理人员履职约束较多。同时，上级部门对企业人、财、物一管到底的实际管控模式，也导致职业经理人权责不匹配，作用发挥受影响。三是国企的考核制度存在很大漏洞。问题的症结首先还不在于绩效考核制度是否科学、是否合理，而在于经营业绩是否真实，负盈不负亏的问题是否真正得到解决。四是如何建立国企职业经理人分类监管分层管理制度，并与国有资产监管机构依法对国有资本投资、运营公司和其他直接监管的企业履行出资人职责，并授权国有资本投资、运营公司对授权范围内的国有资本履行出资人职责的实际情况相结合还不到位。

所以，从这个角度来讲，当前国企职业经理人制度存在的根本问题，是理论上还没有真正解决国企职业经理人管理的体制机制，实践中还没有建立起与中国特色的公司治理结构相适应的职业经理人管理机制。

二、国企职业经理人制度决定的关键是国企市场化改革程度

2017年4月24日，《国务院办公厅关于进一步完善国有企业法人治理结构的指导意见》中指出："完善国有企业法人治理结构是全面推进依法治企、推进国家治理体系和治理能力现代化的内在要求，是新一轮国有企业改革的重要任务"，明确要求"尊重企业市场主体地位，遵循市场经济规律和企业发展规律，坚持激励机制与约束机制相结合，体现效率原则与公平原则，充分调动企业家积极性，提升企业的市场化、现代化经营水平"。

（一）纵向改革，解决分层管理，切入点是国有资本体制改革

2013 年 11 月，党的十八届三中全会通过《中共中央关于全面深化改革若干重大问题的决定》，明确要求"完善国有资产管理体制，以管资本为主加强国有资产监管，改革国有资本授权经营体系，组建若干国有资本运营公司、支持有条件的国有企业改组为国有资本投资公司"。各地相继组建了国有资本运营公司、国有资本投资公司，按照十八届三中全会精神，支持有条件的国有企业改组为国有资本投资公司。在这种新体制下，国资委是国有资本运营、投资公司的主管，国有资本运营、投资公司是一般国有企业的出资人（见图1）。通过纵向改革，解决分层管理，切入点就是国有资本体制改革。

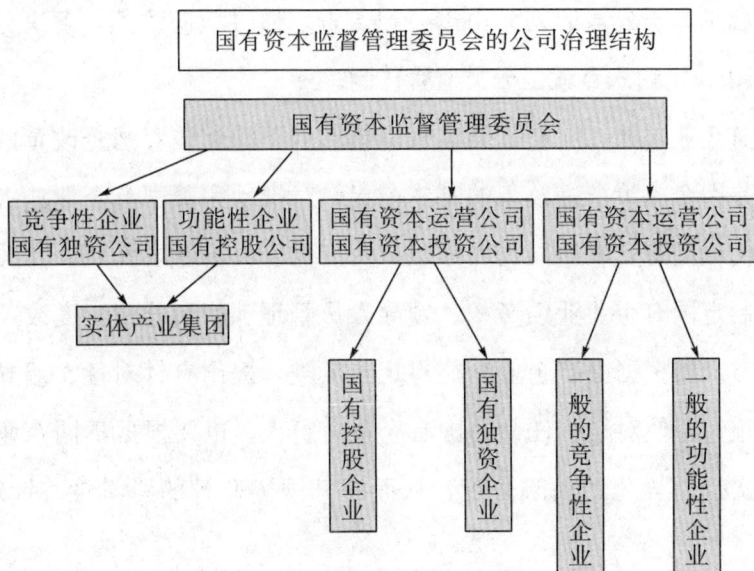

图1

实际上，改革开放以来，国资国企改革基本上集中于国企管理体制改革（属于第二层次的改革），国有资本体制的改革（属于第一层次的改

革）实际上并没有大力推进。国资委的主要任务是放在对国企的管理和监督上，而忽略了国有资本体制改革。可以说，管资本不管企业是当前形势下国企生产力的一次再解放。

（二）横向改革，解决分类管理，切入点就是分类监管体制

2015 年 8 月，中共中央、国务院《关于深化国有企业改革的指导意见》中已经明确将国有企业分为商业类和公益类。各地按照党委、政府深化国资国企改革促进发展的意见，相继出台了所属企业功能界定和分类监管的指导意见，立足国有资本的战略定位和发展目标，结合不同国有企业在本地经济社会发展中的作用、现状和需要，根据主营业务和核心业务范围，大部分将国有企业界定为商业类和公益类。按照谁出资谁分类的原则，子公司的划分由母公司负责。通过横向改革，解决分类管理（见图 1），切入点就是分类监管体制。

国有企业功能界定与分类监管是新形势下深化国资国企改革的重要内容，是因企施策推进改革的基本前提，对推动完善国有企业法人治理结构、优化国有资本布局、加强国有资产监管具有重要作用。有关方面在研究制定国有企业业绩考核、领导人员管理、薪酬分配制度改革等具体方案时，要根据国有企业功能界定与分类，提出有针对性、差异化的政策措施。即使对组织任命的国有企业负责人，也要根据不同企业功能性质等实行差异化的薪酬分配，从而提升国资监管的科学性、针对性、有效性。

（三）内部改革，解决经营层管理，切入点就是落实董事会权利

2017 年 4 月 24 日，《国务院办公厅关于进一步完善国有企业法人治理结构的指导意见》要求："经理层是公司的执行机构，依法由董事会聘

任或解聘，接受董事会管理和监事会监督。建立规范的经理层授权管理制度，对经理层成员实行与选任方式相匹配、与企业功能性质相适应、与经营业绩相挂钩的差异化薪酬分配制度，国有独资公司经理层逐步实行任期制和契约化管理"。这个文件要求落实董事会选人用人职权，董事会履行选聘、管理经理层职责；按照分级管理原则，上级党组织和履行出资人职责的机构重点管理董事会及成员、党委班子及成员。通过内部改革，解决干部管理，切入点就是落实董事会权利。

"根据企业产权结构、市场化程度等不同情况，有序推进职业经理人制度建设，逐步扩大职业经理人队伍，有序实行市场化薪酬，探索完善中长期激励机制，研究出台相关指导意见。国有独资公司要积极探索推行职业经理人制度，实行内部培养和外部引进相结合，畅通企业经理层成员与职业经理人的身份转换通道。"有序推进职业经理人制度建设，逐步扩大职业经理人队伍，有序实行市场化薪酬，关键的前提条件是完善企业法人治理结构的程度，这对各地维护企业经营自主权，激发经理层活力指明了方向。

三、构建比较科学的国企职业经理人分类分层薪酬机制

新一轮国资国企改革的重要任务之一就是要完善国有企业法人治理结构，尽早出台市场化选聘经理层人员与组织任命的国企负责人的选拔任用的差异化选任办法，从而推进建立国企职业经理人与企业分层相匹配、与企业功能相适应、与经营业绩相挂钩的分类分层差异化薪酬分配机制。

（一）国企职业经理人薪酬的分类分层管理

深化国企职业经理人薪酬制度改革，就是要建立国企职业经理人与企业层次、功能相适应的差异化薪酬分配机制，纵向改革、横向改革两项改革着重解决哪些企业市场化改革、哪些企业半市场化改革，二层架构中的公益类企业和三层架构中的国有资本投资、运营公司走向是半市场化改革。内部改革着重解决哪些企业领导人员市场化改革、哪些企业领导人员半市场化改革，二层架构中的商业类企业和三层架构中的一般国有企业（个别公益类除外）的领导人员不会产生半市场化管理的企业负责人，走向是市场化；前者市场化选聘的职业经理人，其薪酬市场化是受限的，后者市场化选聘的职业经理人，其市场化薪酬分配机制时的激励与薪酬能够真正与市场化接近。

（二）第一层次国企职业经理人薪酬的分类管理

针对三层架构中的国有资本投资、运营公司，应严格规范第一层次，主要是组织任命管理的国企负责人薪酬分配；针对二层架构中的商业类和公益类国有企业，也应严格规范组织任命管理的国企负责人薪酬分配，其中市场化选聘的国企职业经理人实行市场化薪酬分配机制。三层架构中的国有企业和二层架构中的国有企业的性质是不同的，其市场化选聘的国企职业经理人的机制也是不同的。由于国有资本投资、运营公司的经营目标是管好国有资本的配置，提高国有资本的配置效率，它与作为市场经营主体的一般的国有企业不是处于平等位置，它不开展其他任何商业性经营活动，不干预其控股或相对控股的国有企业的日常经营活动；二层架构中的国有企业的目标同其他各种类型的企业一样，都是为社会提供优质的产品优质的服务，开拓市场增加盈利。由此可见，这两类国有企业的经营目标是不一样的，对其负责人的要求也是不一样的，所以其职业经理人的决定机制也应该是不一样的。三层架构中的国有资本投资、运营公司和二层架构中的公益类国有企业，按照干部管理权限，针对个别岗位特殊、专业度较高的经理层成员，经过批准，可参照执行市场化选聘国企职业经理人机制。

二层架构中的商业类国有企业，属于第一层次国有企业，由于出资人已经严格规范其组织任命管理的包括董事长在内的国企负责人的薪酬分配，其经理层中具备条件的全体成员或经理层中对企业整体经营业绩和持续发展有直接影响的经营岗位中具备职业经理人条件的负责人，虽然可以实行国企职业经理人市场化薪酬分配机制，但是需要合理调节组织任命管理的包括董事长在内的限薪的国企负责人与董事会选聘的市场化薪酬的职业经理人之间的薪酬差距。这是由于企业董事长是企业最高决策者和领导核心，经理层是公司的执行机构，经理层的市场化薪酬不能够真正与市场化接近，促进企业内部薪酬分配公平正义。

（三）第二层次国企职业经理人薪酬的分类管理

通过纵向改革、完善国有资本体制改革，在第二层次上，国有企业包括绝对控股或相对控股的企业就成为真正的市场经营主体了，它们同其他企业处于平等地位，同其他股份制企业一样，建立了完善的、健全的法人治理结构，由股东会、董事会发挥作用，做出决策，不再受政府部门的直接干预。第二层次国企负责人薪酬制度改革的方向与目标是要贯彻按要素分配的原则，使他们的收入在企业内部具有合理公正性，在企业外部具有市场竞争性，进而为国企的做强、做大、做持久，提供坚实的物质激励基础。第二层次中非市场化选聘的企业负责人包括组织任命的董事会成员的薪酬水平和公益类国有企业领导人员的薪酬水平也要实行限高。

第二层次国企职业经理人市场改革，重点解决一把手管理，切入点就是落实中国特色 CEO 权利。在成熟的市场环境下，企业家人力资本必然会找到自己的合理价位。人力资本作为一种制度安排进入企业之后，已经引发了企业产权制度的巨大变革。人力资本除了获得工资，还应该获得产权回报。企业由出资人完全拥有的现象正在逐渐改变。CEO 的出现，也标志着传统的所有权和经营权必须分立的理论已经有了重要修正。因为 CEO 不是总经理，也不是总裁，它的权力非常大，其中有 40%—50%是董事长的权力。在 CEO 的企业法人治理结构中，董事会成为小董事会，其主要职能是选择、考评和制定以 CEO 为中心的管理层及其薪酬制度。年薪制、股票期权以及其他类似的激励举措只不过是市场为合理定价企业家人力资本而顺理成章做出的制度安排。通过市场改革，解决一把手管理，切入点就是落实中国特色 CEO 权利。

在成熟的中国特色 CEO 公司治理下，董事会应政企分离，不存在外大于内的情况，没有若干专门委员会，经营层不可以进入董事会，国有企业近似完全与非国有企业处于平等市场化位置，董事会有商业性经营活动建议权，党委、董事会和经理层不交叉任职，党委有否决权，企业各治理主体的职权边界更加清晰。下一步，在逐步推进国有企业建设规范董事会试点基础上，应总结经验、完善制度，国资委监管的国有企业要依法改制为国有独资公司或国有控股公司，全面建立规范的董事会，国有资本投资、运营公司法人治理结构要"一企一策"地在公司章程中予以细化。在此基础上，第二层次中的一般竞争性（商业类）国有企业，可以根据自身实际，由出资人机构负责完善中国特色国有企业 CEO 法人治理结构，从而完善能够真正与市场化接近的第二层次国企职业经理人的薪酬机制。

（四）国企职业经理人薪酬管理的深化

如果说一个企业是民营或私有，那么意味着这个企业是一个真正的市场主体，高管应该拿多少工资、应该拿多少报酬，政府完全没有理由干预，因为那是由市场定价的。然而，一方面，目前许多国企不是真正意义上的市场主体，它们可能是国有资本投资、运营公司和一般国有企业两种模式的混合，它们的高管也就不能按照市场定价给予相应的报酬，那些国企高管本质上本身既享受官员的级别待遇，又获取市场给予企业高管的报酬，这本身是矛盾的。另一方面，因为国有企业中的国有资本并非来自该国有企业自身，国有资本的撤出或增投的决策权在于国有资本的投资方，而不在于国有企业本身，私人资本的配置效率的提高无须单独组成一个私人资本配置效率的机构，它们自己就是提高自身资源配置效率的决策者。因此，必须深化国企负责人薪酬管理，进一步深化国企职业经理人薪酬管理，建立健全薪酬管理体系，促使市场化选聘的国企负责人实行市场化薪酬分配机制时的激励与薪酬能够真正与市场化接近。

发表于《国有资产管理》2018 年第 12 期

构建比较科学的国企负责人
分类分层薪酬机制

　　内容摘要：当前国企负责人薪酬机制存在的根本问题，是没有建立起与中国特色的公司治理结构相适应的薪酬机制。如何在理论上解决其依据、实践中逐步建立起中国特色现代企业制度要求的薪酬机制呢？笔者谈点自己的看法。

一、国企负责人薪酬管理的现状

（一）国企负责人薪酬管理的提出

　　"国企老总一年拿多少钱？"大多数老总在盘算自己收入时总是要做这样的比较；"我一年该拿多少钱？"国企老总在衡量自身的价值时也常常掂量；"国企老总的薪酬究竟该怎么定？"这是国资委成立前后社会各界高度关注的一个问题。当时，从各地已出台的政策看，对国企负责人薪酬采取的措施大体分为三类：一是不干预、不过问；二是规定最高限额；三是年薪与贡献挂钩，不封顶。诚然，经营者年薪制等激励方式在实践中已经得到广泛应用。年薪制作为对经营者的激励方式之一，在我国试行于 20 世纪 90 年代初，有关数据显示：在国有资产监管机构成立之前，全国已有 28 个省（区、市）和 4 个计划单列市开展了年薪制试点工作，比例最高的地区是上海市，90％以上的国有企业都实行了经营者年薪制。

此前，由于出资人不到位，企业存在负责人薪酬自定的现象，缺乏必要的规范。一方面，企业以及企业负责人之间的薪酬差距不合理，该高的不高、该低的不低，经营者薪酬水平与其承担的责任不相适应，与经营业绩挂钩不紧密，缺乏严格的考核奖惩；另一方面，履职消费支出缺乏有效的管理和监督，约束也不够。

（二）国企负责人薪酬管理的实施

国资委成立以来，为了切实履行企业国有资产出资人职责，落实国有资产保值增值责任，对国企负责人实行有效的激励和约束机制，根据《企业国有资产监督管理暂行条例》等有关法律法规，2003 年底颁布了《中央企业负责人经营业绩考核暂行办法》（2007 年修订），2004 年 6 月又出台了《中央企业负责人薪酬管理暂行办法》，规定了国企负责人的薪酬由基薪、绩效薪金和中长期激励单元构成。这套办法具有几个鲜明的特征：第一，突出体现了国企负责人薪酬管理和薪酬制度改革起步阶段的工作重点在规范，关键是考核的设计思路和原则；第二，初步解决了一些关系国家经济命脉和国家安全的重要骨干企业负责人的薪酬激励不足的问题；第三，根据业绩考核的结果决定企业负责人的薪酬；第四，把负责人承担的责任和风险与薪酬较好地结合起来；第五，强调要加强约束，特别是要促进和完善企业激励与约束机制的建立；第六，提出了在规范管理的基础上，逐步推进规范兼职取酬与职务消费、市场招聘经营者的薪酬市场化等措施的思路。

需要关注的是，国企负责人薪酬制度改革的基础比较薄弱，社会各界认识难统一，这项改革的推进可以说是任务艰巨，不仅取决于良好的愿望和有效的薪酬制度安排，还取决于法人治理结构的完善、现代企业制度的建立、企业负责人市场化的配置等配套改革以及促进职业经理人发展的市场环境和社会环境的不断优化。

（三）国企负责人薪酬管理的受限

可以说，国企负责人薪酬制度改革已经取得了一些成效，比较科学地明确了企业负责人的薪酬必须与业绩考核结果挂钩，提出了对企业负责人薪酬规范管理和挂钩的具体措施，薪酬制度改革取得了实质性的突破。但是，国企负责人收入高低缺乏依据，按要素分配改革远未到位，导致现在社会公众对国企负责人收入的议论，首先集中在他们收入偏高之争上。人们为什么对民企、外企经营者拿高收入没有意见，而对国企负责人就有意见呢？国企负责人收入偏高之争的背后隐藏着深刻的问题。概括起来：一是对国企负责人的管理在本质上仍视同公务员。他们的行政级别虽被取消，但本质上与国家公务员一样，不是通过市场竞争，而是通过行政任命上岗的。二是国企的考核制度存在很大漏洞。问题的症结首先还不在于绩效考核制度是否科学是否合理，而在于经营业绩是否真实，负盈不负亏的问题是否真正得到解决。三是国企负责人的履职待遇业务支出不很规范。

如果仅仅停留在收入高低上进行争论，很难找到问题的症结。从理论上讲，问题的核心在于国企负责人收入高低的依据究竟是什么？分配原则应当是按劳分配还是按要素分配？分配机制应当是行政方式还是市场配置？所以，从这个角度来讲，当前国企负责人薪酬机制存在的根本问题，是在理论上还没有真正解决国企负责人薪酬的决定机制，实践中还没有建立起与中国特色的公司治理结构相适应的薪酬机制。

二、决定国企负责人薪酬机制的关键是国企市场化改革程度

2017 年 4 月 24 日，《国务院办公厅关于进一步完善国有企业法人治理结构的指导意见》中指出："完善国有企业法人治理结构是全面推进依法治企、推进国家治理体系和治理能力现代化的内在要求，是新一轮国有企业改革的重要任务"，明确要求"尊重企业市场主体地位，遵循市场经济规律和企业发展规律，坚持激励机制与约束机制相结合，体现效率原则与公平原则，充分调动企业家积极性，提升企业的市场化、现代化经营水平。"

（一）纵向改革，解决分层管理，切入点是国有资本体制改革

2013 年 11 月，党的十八届三中全会通过《中共中央关于全面深化改革若干重大问题的决定》，明确要求"完善国有资产管理体制，以管资本为主加强国有资产监管，改革国有资本授权经营体系，组建若干国有资本运营公司、支持有条件的国有企业改组为国有资本投资公司"。各地相继组建了国家资本运营公司、国家资本投资公司，按照十八届三中全会精神，支持有条件的国有企业改组为国有资本投资公司。在这种新体制下，国资委是国家资本运营、投资公司的主管，国家资本运营、投资公司是一般国有企业的出资人。通过纵向改革，解决分层管理，切入点就是国有资本体制改革。

实际上，改革开放以来，国资国企改革基本上集中于国企管理体制改革，即属于第二层次的改革；国有资本体制的改革，即属于第一层次

的改革，实际上并没有大力推进。国资委的主要任务是放在对国企的管理和监督上，而忽略了国有资本体制改革。可以说，管资本不管企业是当前形势下国企生产力的一次再解放。

（二）横向改革，解决分类管理，切入点就是分类监管体制

2015年8月，中共中央、国务院《关于深化国有企业改革的指导意见》中已经明确将国有企业分为商业类和公益类。各地按照党委、政府深化国资国企改革促进发展的意见，相继出台了所属企业功能界定和分类监管的指导意见，立足国有资本的战略定位和发展目标，结合不同国有企业在本地经济社会发展中的作用、现状和需要，根据主营业务和核心业务范围，大部分将国有企业界定为商业类和公益类。按照谁出资谁分类的原则，子公司的划分由母公司负责。通过横向改革，解决分类管理，切入点就是分类监管体制。

国有企业功能界定与分类监管是新形势下深化国资国企改革的重要内容，是因企施策推进改革的基本前提，对推动完善国有企业法人治理结构、优化国有资本布局、加强国有资产监管具有重要作用。有关方面在研究制定国有企业业绩考核、领导人员管理、薪酬分配制度改革等具体方案时，要根据国有企业功能界定与分类，提出有针对性、差异化的政策措施。即使对组织任命的国企负责人，也要根据不同企业功能性质等实行差异化的薪酬分配，从而提升国资监管的科学性、针对性、有效性。

（三）内部改革，解决经营层管理，切入点就是落实董事会权利

2017年4月，《国务院办公厅关于进一步完善国有企业法人治理结构的指导意见》要求"经理层是公司的执行机构，依法由董事会聘任或解

聘，接受董事会管理和监事会监督。建立规范的经理层授权管理制度，对经理层成员实行与选任方式相匹配、与企业功能性质相适应、与经营业绩相挂钩的差异化薪酬分配制度，国有独资公司经理层逐步实行任期制和契约化管理"。这个文件要求落实董事会选人用人职权，董事会履行选聘管理经理层职责；按照分级管理原则，上级党组织和履行出资职责的机构重点管理董事会及成员、党委班子及成员。通过内部改革，解决干部管理，切入点就是落实董事会权利。

"根据企业产权结构、市场化程度等不同情况，有序推进职业经理人制度建设，逐步扩大职业经理人队伍，有序实行市场化薪酬，探索完善中长期激励机制，研究出台相关指导意见。国有独资公司要积极探索推行职业经理人制度，实行内部培养和外部引进相结合，畅通企业经理层成员与职业经理人的身份转换通道。"有序推进职业经理人制度建设，逐步扩大职业经理人队伍，有序实行市场化薪酬，关键的前提条件是完善企业法人治理结构的程度，这为各地维护企业经营自主权，激发经理层活力指明了方向。

（四）市场改革，解决一把手管理，切入点就是落实中国特色CEO权利

在成熟的市场环境下，企业家人力资本必然会找到自己的合理价位。人力资本作为一种制度安排进入企业之后，已经引发了企业产权制度的巨大变革。人力资本除获得工资之外，还应该获得产权回报。企业由出资人完全拥有的现象正在逐渐改变。CEO的出现，也标志着传统的所有权和经营权必须分立的理论也已经有了重要修正。因为CEO不是总经理，也不是总裁，它的权力非常大，其中有40%—50%是董事长的权力。在CEO的企业法人治理结构中，董事会成为小董事会，其主要职能是选

择、考评和制定以 CEO 为中心的管理层及其薪酬制度。年薪制、股票期权以及其他类似的激励举措只不过是市场为合理定价企业家人力资本而顺理成章做出的制度安排。通过市场改革，解决一把手管理，切入点就是落实中国特色 CEO 权利。

在成熟的 CEO 公司治理下，董事会应政企分离，不存在外大于内的情况，没有若干专门委员会，经理层不可以进入董事会，国有企业近似完全与非国有企业处于平等市场化位置，董事会有商业性经营活动建议权，党委、董事会和经理层不交叉任职，党委有否决权，企业各治理主体的职权边界更加清晰。下一步，在逐步推进国有企业建设规范董事会试点基础上，应总结经验、完善制度，国资委监管的国有企业要依法改制为国有独资公司或国有控股公司，全面建立规范的董事会，国有资本投资、运营公司法人治理结构要"一企一策"地在公司章程中予以细化。在此基础上，三层架构中的一般竞争性国有企业，可以根据自身实际，由出资机构负责完善中国特色国有企业 CEO 法人治理结构。

三、构建比较科学的国企负责人分类分层薪酬管理制度

新一轮国资国企改革的重要任务就是要完善国有企业法人治理结构，尽早出台组织任命的国企负责人的选拔任用与市场化选聘经理层人员的差异化选任办法，建立健全激励与约束、分类分层相结合的考核与薪酬管理体系，构建比较科学的国企负责人分类分层薪酬管理制度。

（一）国企负责人薪酬的分类分层管理

深化国企负责人薪酬制度改革，就是要建立与国企负责人选任方式相匹配，与企业层次、与企业功能相适应的差异化薪酬分配办法，纵向

改革、横向改革两项改革着重解决哪些企业市场化、哪些企业半市场化改革，二层架构中的公益类企业和三层架构中的国有资本投资、运营公司走向是半市场化改革；内部改革、市场改革两项改革着重解决哪些企业领导人员市场化改革、哪些企业领导人员半市场化改革，二层架构中的商业类企业和三层架构中的一般国有企业（个别公益类除外）的领导人员不会产生契约化管理的企业负责人，走向是完全市场化。

通过分类分层深化国企负责人薪酬制度改革，严格规范第一层次、主要是组织任命管理的国企负责人薪酬分配，第二层次、主要是市场化选聘的国企负责人实行市场化薪酬分配机制，第二层次中非市场化选聘的企业负责人包括组织任命的董事会成员的薪酬水平也要实行限高，合理调节不同层次国企负责人之间的薪酬差距，促进社会公平正义。通过完善国有资本体制改革，在第二层次上，国有企业包括绝对控股或相对控股的企业就成为真正的市场经营主体了。它们同其他企业处于平等地位，同其他股份制企业一样，建立了完善的、健全的法人治理结构，由股东会、董事会发挥作用，做出决策，不再受政府部门的直接干预。第二层次国企负责人薪酬制度改革的方向与目标是要贯彻按要素分配的原则，使他们的收入在企业内部具有合理公正性，在企业外部具有市场竞争性，进而为国企的做强、做大、做持久，提供坚实的物质激励基础。

由此可见，国资国企改革必然导致薪酬制度变革。

（二）国企负责人薪酬管理的深化

如果说一个企业是民营或私有，那么意味着这个企业是一个真正的市场主体，高管应该拿多少工资、应该拿多少报酬，政府完全没有理由干预，因为那是由市场定价的。然而，一方面，目前许多国企不是真正意义上的市场主体，它们可能是国有资本投资、运营公司和一般国有企业两种模式的混合，它们的高管也就不能按照市场定价给予相应的报酬，那些国企高管本质上既享受官员的级别待遇，又获取市场给予企业高管的报酬，这本身是矛盾的。另一方面，因为国有企业中的国有资本并非来自该国有企业自身，国有资本的撤出或增投的决策权在于国有资本的投资方，而不在于国有企业本身。私人资本的配置效率的提高无须单独组成一个私人资本配置效率的机构，它们自己就是提高自身资源配置效率的决策者，因此，必须深化国企负责人薪酬管理，建立健全薪酬管理体系，促使市场化选聘的国企负责人实行市场化薪酬分配机制时的激励与薪酬能够真正与市场化接近。

诚然，从根本上解决国企负责人薪酬问题，在于通过国资国企改革的深化，完善企业法人治理结构，推进分配制度改革，完善两个层次的国有资本体制各自的薪酬决定机制，建立健全必要的制度规范，完善薪酬的货币化、公开化制度，将年度薪金、中长期性激励、福利性待遇、履职待遇和业务支出部分，载入国企负责人薪酬管理手册，并纳入统一薪酬体系筹管理，同时规定国企负责人不得再有领取国家规定之外、也就是"大"薪酬以外的其他货币性收入和其他福利性货币收入。

下一步，就是要下决心推进两个层次的国有资本体制的改革，在经营者用人制度改革上，要加大党管干部与引入市场机制选聘经营者的改革力度。

发表于《国有资产管理》2007 年第 10 期

经营业绩考核框架下经济增加值的导入

内容摘要：在年度经营业绩考核框架下，如何消除传统会计制度下利润指标的缺陷，就是导入经济增加值。

目前，各地国资委对国有企业负责人的年度经营业绩考核，大都使用了利润总额和净资产收益率。应当说，在现阶段强调这两个指标很重要，但大家也明显感觉到：如何有效消除传统会计制度下利润指标的缺陷，确定科学合理的考核目标值，提高分类考核的水平和解决业绩考核与战略规划的衔接问题，仍然是我们面对的共性问题。这就需要我们提升经营业绩考核，在保持考核办法基本稳定的前提下，既要注重利润指标相对值的考核，也要导入经济增加值，考虑资本成本。

一、经营业绩考核框架的困惑

经营业绩考核或多或少面临以下四个方面的问题：

1. 传统会计制度下的利润指标存在一些缺陷。美国安然公司 1998

年的净利润为 7 亿多美元,每股盈利为 1.1 美元;1999 年净利润为 9 亿美元,每股盈利近 1.4 美元;2000 年净利润近 10 亿美元,每股盈利为 1.2 美元。但用经济增加值(EVA)的分析方法来测算安然公司的业绩时,却得到一个截然相反的结论:1998 年 EVA 值为负 2 亿美元,1999 年为负 3 亿多美元,2000 年为负 6 亿多美元。安然公司在 2001 年 12 月突然申请破产保护。2004 年国务院国资委测算了 183 家中央企业,2003 年净利润为正的企业有 156 家,亏损的有 27 家,但 EVA 为正的企业只有 49 家,为负的企业占到 134 家。上述事实说明,利润指标并不能完全反映出公司资本经营的效率和价值创造。

2. 确定科学合理的考核目标值存在难度。考核办法要求企业上报的目标建议值原则上要符合不低于前三年实际完成值的平均值和不低于上一年实际完成值,企业的业绩主要看企业超额完成目标值的程度。但容易导致两个问题:一是企业在上报目标建议值时留有较大的余地,二是企业的讨价还价。

3. 提高分类考核水平存在难度。不同行业、不同企业的情况千差万别,加强分类指导,积极推行能够体现行业和企业特点的精准考核,很难通过一两个分类指标来实现。

4. 解决业绩考核与战略规划的衔接问题存在难度。虽然在国资委的大力推动下,企业陆续制定了自己的发展战略和中长期规划,但部分企业的战略管理相对薄弱,如何把发展战略与任期考核更紧密地结合起来,避免企业负责人的短期行为,使企业的发展战略真正执行下去,目前还存在着不少的问题。

二、经济增加值的导入

为了综合考量资本的使用效率，我们将经济增加值替代利润总额指标和分类指标，保留净资产收益率，这样"年度经营业绩考核的综合得分"的计算公式变为：

年度经营业绩考核的综合得分＝经济增加值得分×经营难度系数＋净资产收益率指标得分×经营难度系数

经济增加值的导入有六个方面的好处：

1. 比利润指标能更客观地衡量公司业绩。经济增加值使企业负责人的经营目标与出资人财富增长目标一致，符合两条基本财务原则：任何财务指标必须是最大限度地增加股东财富；企业的价值取决于投资者对利润是超出还是低于资本成本的预期程度。

2. 避免了考核目标值的讨价还价。将上一年实现的经济增加值作为目标值，完成目标值时得基本分，超过和低于目标值时，进行相应的加减分，如此可以避免企业负责人就考核目标值进行讨价还价，促使企业在不增加资本的情况下增加利润，促使其尽快将非生产性资产变现，以减少资本成本。相应的公式中的净资产收益率亦可以将上一年实现的净资产收益率作为目标值，或采用目前的办法作为过渡。

3. 能够把考核的共性要求和企业的个性特点统一起来。企业的个性特点使得一项考核指标可能在这家企业是举足轻重的，而在另一家企业却不那么重要。由于经济增加值从根本意义上而言是一项业绩评价和内部管理指标，可以延伸并指导企业的多种考核指标，能够把考核的共性要求和企业的个性特点统一起来。

4. 能够把发展战略与业绩考核更紧密地结合起来。目前的任期经营业绩考核主要解决两个问题，一是任期财务指标，二是延期支付任期内累计的每年度 40％的绩效年薪。引入经济增加值后，可以考虑省略任期经营业绩考核，节省大量资源。这是因为：一是经济增加值为企业提供了一个统一的价值指标，可以延伸并指导企业的多种财务指标，包括国有资产保值增值和三年主营业务收入平均增长率等；二是设立奖金库来解决延期支付，在奖金库的个人账户中，每年 40％的绩效年薪被存入，再按奖金库的一定比例，每年支付一次。奖金库培养了企业负责人的长期观念，以短期业绩换取长期结果，对他们个人是没有好处的。

5. 对投资公司考核更加合理。对战略性投资，在投资开始获得经营利润之前，先将所投入的资金及其资本成本全部在一个临时账户中预存起来，等项目开始获得经营利润，再考虑其资本成本在适当的期限内摊销。这种处理方式能使企业负责人对其战略性投资决策负责，也使考核者较易认定投资公司的目标建议值。

6. 对亏损企业考核更加规范。目前对亏损企业的考核，考核指标的加减分标准是减亏部分折半计算，盈利部分正常计算；资不抵债企业无法采用净资产收益率指标；对于减亏但仍然处于亏损状态的企业，考核得分级别不超过 C 级最高限等做法，并不令人满意。引入经济增加值后，一家当前经济增加值为负的问题企业如果能减少负值，那么与经济增加值的明星企业进一步提高正值同样能有效提高业绩、创造价值，以业绩的改善为标准作为绩效考核，使企业负责人站在了同一起跑线上，使亏损企业考核更加规范。

三、经济增加值的导入提升了经营业绩考核

在计算经济增加值的过程中，要对传统收入概念进行一系列调整，

消除会计运作产生的异常状况，使之尽量地与企业真实经济状况相吻合。虽然会计账面价值要变成经济账面价值，必须经过很多项约当权益的调整，但在实际操作中应按照分类考核和分类指导的思想，根据企业的经营业务特点和会计政策选择调整措施，如研究与开发支出、战略性投资、各项减值准备、递延税款及资产负债表的调整，类似当前经营业绩考核中对基本考核指标的调整。

总之，如何通过业绩考核，使考核者感到企业负责人做出了这些业绩，应该给他们这个薪酬；同时也使企业负责人明白，他们必须使企业产生这么高的效益，自己才能拿到这个薪酬，是大家普遍关心的问题。

发表于《国有资产管理》2007 年第 2 期

浅谈国资监管框架下授权经营的界定

内容摘要：国有资产授权经营是一个引人注目的问题，但凡论及国有企业改革和国资监管，必然要提及这个问题。国资监管框架下，授权经营的核心是出资人的资产经营权；授权经营的客体是经营性国有资产；范围包括其他领域的经营性国有资产；授权主体是国资委。

一、授权经营的核心是出资人的资产经营权

在政府国有资产监督管理机构（授权者）和被授权企业的关系上，国资委并未将国有资产的所有权转移给受权主体——被授权企业，往往是通过授权责任书的形式将资产经营权授予被授权企业。被授权企业的资产经营权主要可以概括为：占有权能，使用权能，部分收益权能和部分处置权能。需要注意的是，在已经完成公司制改造、建立现代企业制度的国有持股公司中，国资委与持股公司间的关系应当严格按照《公司法》及相关法律法规加以界定，即股东与公司的关系。事实上，这时国

有资产的所有权已经转移给所出资的公司，国资委所持有的国有资产是以股东的形式表现出来的，即国资委与持股公司管理层的授权关系，而非上述所授权经营关系。《企业国有资产监督管理暂行条例》第二十八条规定，"国有资产监督管理机构可以对所出资企业中具备条件的国有独资企业、国有独资公司进行国有资产授权经营。被授权的国有独资企业、国有独资公司对其全资、控股、参股企业中国家投资形成的国有资产依法进行经营、管理和监督"。上述规定确立了国有资产授权经营的是所出资企业中具备条件的国有独资企业、国有独资公司，此时国资委并未将国有资产的所有权转移给被授权企业，授权经营的是出资人的资产经营权。授权对象只能是国有独资公司和国有独资企业，对多元投资主体无法进行授权经营。

授权经营是确认《公司法》中公司与股东的关系、股东权利的规定，授权给予母公司的权利是母公司依据《公司法》应享有的（不论授权与否），这在当前促进国企执行《公司法》具有重要意义。根据《公司法》规定，母公司作为企业法人，有对股东出资形成的公司财产的经营权，可自主进行生产经营和资产经营。但是，授权经营不能突破《公司法》的规定，授权母公司对自己的全部资产行使出资人（股东）权利，因为企业是自己的所有者在理论上行不通，企业出资人所有权与法人财产权合一会使法人财产失去所有权（股权）的制衡。所以，国资监管框架下的授权经营是将出资人的部分权力，主要是资产经营权授权给国有独资公司的董事会和国有独资企业的领导班子，以明确权力和责任主体，推动和引导企业加快建立和完善董事会制度，同时与《公司法》的相关规定衔接。资产经营权主要涉及企业重大经营决策的职权，如经营方针和投资计划的决定、预决算方案的批准、公司发债的决策等；涉及资产管理和企业高层管理者选择的职权是不能授予的，如公司本身的合并、分立、破产、解散及公司章程的修改，被授权企业的董事、监事的选任及报酬确定等股东权力是不能授予的。从目前实际情况看，企业的情况千差万别，授权经营制度仍然处在探索阶段，要科学地界定具体授权内容，还需要在实践中不断探索和总结。

二、授权经营的客体是经营性国有资产

随着国企改革的不断深入、国资委的成立和一系列国资监管办法的出台，标志着国有资产出资人逐步到位，特定历史条件下国有授权投资机构作为出资人对所出资企业的经营管理授权经营概念逐渐淡化。国有资产授权经营概念被赋予了新的更为符合现代企业制度的含义，成为《公司法》等相关法律法规条件下，国资委对所出资企业的董事会等经营层的授权关系的概念。

党的十五届四中全会决议指出，"积极探索国有资产管理的有效形式。要按照国家所有、分级管理、授权经营、分工监督的原则，逐步建立国有资产管理、监督、营运体系和机制，建立与健全严格的责任制度。国务院代表国家统一行使国有资产所有权，中央和地方政府分级管理国有资产，授权大型企业、企业集团和控股公司经营国有资产"。上述规定确立了国有资产授权经营制度，确定了国有资产授权经营制度的主要内容是经营国有资产，为授权经营的客体是经营性国有资产提供了依据和指南。

三、授权经营的范围包括其他领域的经营性国有资产

《企业国有资产监督管理暂行条例》第二条规定，"国有及国有控股企业、国有参股企业中的国有资产的监督管理，适用本条例。金融机构

中的国有资产的监督管理，不适用本条例"。上述规定确立了国有资产的监督管理包括其他领域，如政府有关部门、事业单位占用的经营性国有资产。这些经营性国有资产实际占用和管理的主体不同于以盈利为目的的企业，如司法、文化、广电等部门下属的经营性国有资产和实行企业化管理的事业单位的经营性国有资产，因此，国资委应当授权这些政府有关部门对授权范围内的国有资产（国有股权）行使部分出资人权力，其内涵外延大于上面提到的出资人的部分权力。授权后，政府有关部门作为受权方拥有较完整的国有资产管理权，是国有资产管理的主体，并承担国有资产保值增值责任。其他领域的经营性国有资产的授权经营模式可以就其不同领域的特殊性采取不同的方法，不能搞"一刀切"的模式。诚然，政府部门、事业单位不便于管理这些经营性资产时，应当考虑授权其他专业机构对其进行管理。

为了达到该领域经营性国有资产保值增值的目的，提高政府资产管理的有效性，实施授权管理后应当减少审批环节，方便工作，提高决策水平和办事效率，节约管理成本，产生有效管理，并通过目标管理和绩效考评来提高大家的责任感。它是建立在"以责任为起点，以事业为中心"的基础上，包括"目标管理、授权经营、绩效考核、激励机制"四位一体的科学完整的授权经营管理系统。

总之，新体制下授权经营的内涵外延有必要重新界定，授权经营的核心是出资人的资产经营权，授权经营的客体是经营性国有资产，范围包括其他领域的经营性国有资产，授权主体是国资委，授权是在国资委与所出资企业和政府有关部门、事业单位界面上进行，在所监管企业与所属企业界面上，应当完全适用《公司法》的规定。

参考资料

1. 陈浩文：《国有资产授权经营研究》，2005 届四川大学法律硕士论文。

2. 国有资产授权经营［EB/OL］. 中国法律法规网，http：//
   www. wz136. com/law/fagui/Assets/20070803/7816. html，2007-08-03。

发表于《经济体制改革》2007 年第 1 期

企业绩效评价中财务指标和
非财务指标的综合集成研究

内容摘要：本文围绕企业绩效评价中财务指标和非财务指标的结合，创造性地提出了企业绩效评价综合集成模型，并将模型应用于真实案例。

一、财务指标和非财务指标的逻辑关系

传统企业绩效评价模型中，以财务指标和非财务指标的加权相加来评价企业绩效。而多目标决策模糊优选理论是一种把财务指标和非财务指标综合集成的科学方法。如何具体解决财政部等四部委联合发布的《国有资本金效绩评价规则》中财务指标和非财务指标的综合集成，如何具体解决平衡计分法中企业战略经营业绩的评价，这些探讨对建立适应时代发展的、公正和科学的企业绩效评价，是有深远的意义和帮助的。所谓企业绩效评价，是对企业资本金运营绩效评判和经营者业绩评估的简称，是运用数理统计和运筹学方法，采用特定的企业经营指标体系，按照规定的程序，参照预先测算的行业标准值，对企业一定经营期间的

资本金经营效益和经营业绩，进行较为全面和科学的定量（本文指财务指标）和定性（非财务指标）对比分析，并做出客观、公正、准确的综合评价。财务分析固然在多方面可以反映企业的财务状况，但就财务分析得出的结论本身而言，还不足以作为决策的全部依据。这是因为，企业的综合状态或发展趋势等方面的问题，有些是难以用货币来表示的。有些非财务方面的信息对企业的信息使用者来说比货币信息更重要。例如，两个（从报表信息看）财务状况相同的同类企业，一个处于上升期，另一个处于下滑期。它们只是在上升和下滑的过程中的某一时点表现为相同的财务状况。这种上升和下滑的发展趋势就不一定能从报表中反映出来。

任佩瑜在国家自然科学基金资助项目"企业管理绩效综合集成评价系统研究"中描述了这种上升和下滑的发展趋势，具体操作公式如下：

$$S = KLn\left[\frac{\sum_{i=1}^{n} w_{i1} x_{i1} - \sum_{i=1}^{n} w_{i0} x_{i0}}{\sum_{i=1}^{n} r_{i1} y_{i1} - \sum_{i=1}^{n} r_{i0} y_{i0}}\right]$$

式中：K 是系数，定义为企业所处的特定行业中，每增加单位收益所需追加的成本值，也可用财政部企业效绩评价中的行业系数替代。x_i 为企业第 i 个财务指标，w_i 为企业第 i 个财务指标的权数，y_i 为企业第 i 个行为指标，r_i 为企业第 i 个行为指标的权数。这个公式的经济学意义为：企业行为结果的变化引起企业财务结果的变化，企业财务结果增量与企业行为结果增量的比值变化引起企业发展趋势的变化。企业是一个复杂的开环巨系统：微观上，企业每一个行为变化总有一个财务变化相对应；宏观上，企业某一个非货币经营管理值总有一个货币经济绩效值相对应。所以，行为指标与结果指标、自变量与应变量的逻辑关系不是简单的加权相加。

二、企业绩效评价综合集成模型

所谓多目标决策模糊优选理论就是一种对复杂的系统模型采用分解和协调等方式，设立多个子目标，定量或定性来共同剖析说明总目标，解决涉及多个指标制约的事物评价问题的有效方法。企业绩效评价综合集成是根据财务指标集和非财务指标集对不同的企业进行优选的决策过程。设有 n 个待评企业组成的决策集 D（$D = \{d_1, d_2, \cdots d_n\}$），有 m 个指标（财务指标或非财务指标）组成对决策集 D 的评价指标集 $V = \{v_1, v_2, \cdots, v_m\}$，则模糊优选理论的目的就是确定每个企业的综合集成评价对于模糊概念"优"的相对优属度，根据相对优属度的大小对 n 个企业的综合集成评价排出优劣次序。

设 m 个指标对 n 个决策的评价可用指标特征矩阵表示如下：

$$X = \begin{bmatrix} x_{11} & x_{12} & \cdots & x_{1n} \\ x_{21} & x_{22} & \cdots & x_{2n} \\ \cdots & \cdots & \cdots & \cdots \\ x_{m1} & x_{m2} & \cdots & x_{mn} \end{bmatrix} = (X_{ij}) \tag{1}$$

其中：$i = 1, 2, \cdots, m$；$j = 1, 2, \cdots, n$。将指标特征矩阵转换为指标相对优属度矩阵如下：

$$R = \begin{bmatrix} r_{11} & r_{12} & \cdots & r_{1n} \\ r_{21} & r_{22} & \cdots & r_{2n} \\ \cdots & \cdots & \cdots & \cdots \\ r_{m1} & r_{m2} & \cdots & r_{mn} \end{bmatrix} = (R_{ij}) \tag{2}$$

其中：
$$r_{ij} = \frac{x_{ij} - \min\limits_{i=1}^{n} x_{ij}}{\max\limits_{i=1}^{n} x_{ij} - \min\limits_{i=1}^{n} x_{ij}} \qquad (3)$$

式中：r_{ij} 为决策 j 指标 i 的相对优属度，$\max\limits_{i=1}^{n} x_{ij}$、$\min\limits_{i=1}^{n} x_{ij}$ 分别为决策集中决策 j 对指标 i 的最大、最小特征值。解得决策 j 的相对优属度模型为：

$$U_j = \frac{1}{1 + \left[\dfrac{\sum\limits_{i=1}^{n}(w_i g_i - w_i r_{ij})}{\sum\limits_{i=1}^{n}(w_i r_{ij} - w_i h_i)} \right]^2} \qquad (4)$$

求解过程略，由此得到各企业的相对优属度向量 $U = \{u_1, u_2, \cdots, u_n\}$。$U_j$ ($j = \{1, 2, \cdots, n\}$) 的大小排序就是 n 个待评的企业组成的决策集 $D = \{d_1, d_2, \cdots, d_n\}$ 关于综合集成绩效评价的优劣排序。

其中：
$$g_i = \max\limits_{j=1}^{n} r_{ij} \quad (g_i \text{ 为第 } i \text{ 项优良标准值}) \qquad (5)$$

$$h_i = \min\limits_{j=1}^{n} r_{ij} \quad (h_i \text{ 为第 } i \text{ 项非优良标准值}) \qquad (6)$$

$$\sum\limits_{i=1}^{m} w_i = 1 \quad (w_i \text{ 为第 } i \text{ 个指标的权重})$$

三、模型的应用

（一）模型在国有资本金效绩评价中的应用

1999 年财政部、国家经贸委、人事部和国家计委联合发布了《国有资本金效绩评价规则》，具体的评价指标分为定量指标和定性指标两大类，其中的定量指标又分为基本指标和修正指标大类。表 1 是竞争性工商企业评价指标体系。

表1 竞争性工商企业评价指标体系

定量指标（权重80%）			定性指标（权重20%）
指标类别（100分）	基本指标（100分）	修正指标（100分）	评议指标（100分）
效益 状况（42）	净资产收益率（30） 总资产报酬率（12）	资本保值增值率（16） 销售（营业）利润率（14） 成本费用利润率（12）	1. 领导班子基本素质（20） 2. 产品市场占有能力（服务满意度，18） 3. 基础管理水平比较（20） 4. 在岗员工素质状况（12） 5. 技术装备更新水平（服务硬环境，10） 6. 行业或区域影响力（5） 7. 企业经营发展策略（5） 8. 长期发展能力预测（10）
资产营运 状况（18）	总资产周转率（9） 流动资产周转率（9）	存货周转率（4） 应收账款周转率（4） 不良资产比率（6） 资产损失比率（4）	
偿债能力 状况（22）	资产负债率（12） 已获利息倍数（10）	流动比率（6） 速动比率（4） 现金流动负债比率（4） 长期资产适合率（5） 经营亏损挂账比率（3）	
发展能力 状况（18）	销售增长率（9） 资本积累率（9）	总资产增长率（7） 固定资产成新率（5） 三年利润平均增长率（3） 三年资本平均增长率（3）	

一般的评价体系只有一个财务层面的定量指标，而这套绩效评价指标体系在定量指标的基础上，还设置了非财务层面的定性指标。运用这套绩效评价指标体系对企业绩效实施评价，可以同时采用定量指标和定性指标，实行财务层面的计量指标和非财务层面的非计量指标相结合。财务指标采用功效系数法，把所要评价的24项指标分别对照各自的标准，并根据各项指标的权数，通过功效函数转化为可以度量的评价分数，再对各项指标的单项评价分数进行加总，求得财务指标评价分数。非财务指标采用综合分析判断法，指评价人员把所要评价的8项指标分别对照各自的标准，并根据各项指标的权数，按照评价工作制度的规定，综合考虑影响企业绩效的各种潜在因素或非财务因素，再对各项指标的单项评价分数进行加总，求得非财务指标评价分数。其综合评价的计分方

法如下:

综合评价得分＝财务指标评价分数×80%＋非财务指标评价分数×20%

设有八家真实企业、假定的一家优良企业和一家非优良企业 $Q = \{Q_1, Q_2, \cdots, Q_{10}\}$ 参加企业绩效评价,其评价指标集为 $V = \{V_1, V_2\} = \{$财务指标,非财务指标$\}$,指标权数为 $W = \{W_1, W_2\} = \{80\%, 20\%\}$,具体得分见表2。

表2 竞争性工商企业绩效评价综合集成得分

指标	财务指标	非财务指标	综合集成得分
指标权重	0.8	0.2	1
Q_1	64.8	84.6	0.828899
Q_2	68.4	81.6	0.857497
Q_3	73.4	67.4	0.870885
Q_4	79.1	77.1	0.931749
Q_5	84.4	78.3	0.960717
Q_6	85.4	93.9	0.978536
Q_7	90.4	89.1	0.988176
Q_8	93.5	81.9	0.99073
Q_9	100	100	1
Q_{10}	0	0	0

由此可得指标特征值矩阵 X,将指标特征值按相对优属度公式(3)变换为指标相对优属度矩阵 R:

$$X = \begin{bmatrix} 64.8 & 68.4 & 73.4 & 79.1 & 84.4 & 85.4 & 90.4 & 93.5 & 100 & 0 \\ 84.6 & 81.6 & 67.4 & 77.1 & 78.3 & 93.9 & 89.1 & 81.9 & 100 & 0 \end{bmatrix} \quad (7)$$

$$R = \begin{bmatrix} 0.648 & 0.684 & 0.734 & 0.791 & 0.844 & 0.854 & 0.904 & 0.935 & 1 & 0 \\ 0.846 & 0.816 & 0.674 & 0.771 & 0.783 & 0.939 & 0.891 & 0.819 & 1 & 0 \end{bmatrix} \quad (8)$$

根据相对优属度矩阵 R, 由式 (5) 得优良标准向量为:

$$g = \{g_1, g_2\} = \{1, 1\}^T$$

由式 (6) 得非优良标准向量为:

$$h = \{h_1, h_2\} = \{0, 0\}^T$$

相对优属度模型 (4) 变为:

$$U_j = \frac{1}{1 + \left[\frac{1}{\sum\limits_{i=1}^{m} w_i r_{ij}} - 1\right]^2} \tag{9}$$

由上可见, 假定 Q_9、Q_{10} 为优良和非优良企业, 根据指标特征值矩阵 X 就可以直接写出指标相对优属度矩阵 R, Q_9、Q_{10} 的存在与否都能够得到优良标准向量 g 和非优良标准向量 h。

对 $Q = \{Q_1, Q_2, \cdots, Q_{10}\}$ 按相对优属度模型 (9) 计算相对优属度, 可得各企业关于绩效评价的综合集成得分, 见表 2。

由实例看出, 该评价模型的数学和物理意义清晰, 解决了在传统的综合评价模型中将财务指标和非财务指标进行线性的、静态的加权相加的逻辑问题; 依此类推, 也解决了在传统的财务评价模型中将财务指标进行线性的、静态的加权相加的逻辑问题。实际上, 传统的财务评价模型中将财务指标进行线性的、静态的加权相加的值近似于按相对优属度模型 (9) 计算的值。

(二) 模型在平衡计分法中的应用

平衡计分法包含财务评价指标, 其说明了已采取的行动所产生的结果。同时, 通过对顾客满意度、内部程序及组织的创新和提高活动进行评价的业务指标, 来补充财务评价指标。平衡计分法把财务、顾客、内部业务和创新及组织学习结合在一起, 使公司经理至少能从中悟出多种相互关系。这种领悟能帮助公司经理超越对职能障碍的传统观念，在决策和解决问题时有更好的表现，进而能使企业一直向前看、向前走，而不是向后倒退。平衡计分法不只是单纯地进行衡量，它还是一种在产品、程序、顾客和市场开发等关键领域有助于企业取得突破性进展的管理体系。

各地区和各企业可以比照该模型的基本原理，通过对各指标的内容或其加权系数加以修正调整后，设计符合本地区和本企业规律，反映本地区和本企业要求、特色的平衡计分法模型。假定某企业平衡计分法的四套效绩评价指标组成的评价指标集 $V = \{v_1, v_2, v_3, v_4\} = \{$财务指标，顾客指标，内部业务指标，创新指标$\}$，对最满意的给予 1，即 v_i ≤1；四套效绩评价指标的权数可用"德尔菲法"通过专家评定，得四套效绩评价指标的权向量 $w = \{w_1, w_2, w_3, w_4\}$。对该企业按相对优属度模型（9）式计算，可得该企业关于绩效评价的综合集成得分：

$$U_j = \cfrac{1}{1 + \left[\cfrac{1}{w_1 v_1 + w_2 v_2 + w_3 v_3 + w_4 v_4} - 1\right]^2} \tag{10}$$

$\sum_{i=1}^{m} w_i = 1$ （w_i 为第 i 个指标的权重）

由实例可看出，本文把企业的战略目标转化为一套系统的效绩评价指标，解决了平衡计分法中企业战略经营业绩的得分计算问题。

参考资料

1. 任佩瑜：企业管理绩效综合集成评价系统研究，国家自然科学基金资助项目（批准文号：70141034），2002 年。

2. 王琼等：《多因素模糊优选理论在政府采购评标中的模型及应用》，《财政研究》，2002 年第 12 期。

3. 彼得·F. 德鲁克:《企业绩效测评》(《哈佛商业评论》精粹译丛·第一辑),中国人民大学出版社,1999 年。

(本文作者为王一农、陈婉清)

发表于《四川会计》2003 年第 10 期

四川省 1998 年国有企业资产营运情况简析

内容摘要：本文在简要分析四川省国有企业现状、问题的基础上，就推进四川省国有企业改革做了探索。

1999 年是实现国有大中型企业"3 年走出困境 5 年步入良性循环"的第二年，如何结合四川省实际，力争在国有企业改革方面取得重大突破，已成为四川省国有企业改革的迫切任务。本文从总体上简要分析四川省国有企业现状、问题，就如何继续推进四川省国有企业改革做一些探索。

一、四川省国有企业的基本现状

国有经济在四川省国民经济中仍然处于主导地位，虽然其数量有所下降，从 1995 年至 1998 年，分别为 11777 户、10659 户、8301 户和7227 户，但仍然是国民经济的支柱。下面从资产总量、企业规模和盈利企业分布三个方面分析国有企业的现状。

（一）四川省企业国有资产总量稳步增长

四川省企业国有资产总额（不含国有法人资本）为 717.73 亿元，比年初增加 20.70 亿元，增长率为 2.97％。国有资产总额增加的主要因素有国有实收资本增加 47.45 亿元，其中国家直接或追加投资 14.40 亿元，"拨改贷"资金本息转入 5.48 亿元，资本公积转入 5.05 亿元等。国有资本公积增加 66.31 亿元，其中股票溢价 14.47 亿元，国家拨补的流动资本 14.74 亿元。国有盈余公积增加 19.67 亿元，国有未分配利润增加 34.03 亿元。

从工业部门看，同年初相比，国有资产增长率的前三位是电力工业、建材工业、电子工业，分别为 21.25％、10.95％、10.40％。出现国有资产负增长率的前三位是食品工业、石油工业、纺织工业，分别为 −60.47％、−54.78％、−47.15％。这反映社会资源的重新配置正在逐步开展，宏观调控政策效应正在逐渐显现。

（二）大中型企业是四川省国有经济的支柱

在能源、交通、钢铁、化工、建材等重点领域和基础产业领域，四川省国有大中型企业的骨干作用显著（详见表1）。

表1　四川省国有企业基本情况

项目	合计	企业规模				
		特大	大型	中型	小型	未划型
一、企业户数	7227	10	182	921	5985	129
二、资产总额 （金额单位：万元）	2778.68	403.73	856.04	722.58	689.08	107.25
三、资产负债率（%）	70.16	54.01	63.67	76.78	87.51	47.42

表中体现了三个特点：第一，特大、大、中型企业作为省里的重点和支柱企业户均资产大；第二，小型企业中无市场和技术落后企业占多数，其户均资产比较小；第三，从特大型、大型、中型到小型，其资产负债率分别为54.01%、63.67%、76.78%和87.51%，规模越小，资产负债率越高。

（三）盈利企业主要分布在大型企业和国有控股企业

1998年，四川省国有企业利润总额为-10.37亿元，从规模结构看：特大型27.57亿元、大型12.42亿元、中型-17.58亿元、小型-36.15亿元；从企业组织结构看，国有控股企业利润32.18亿元，国有独资企业（公司）-42.96亿元，企业管理事业单位0.41亿元。由此看出，国有企业应转变经济增长方式，注重规模经济效益。

1998年除电子工业、电力工业和医药工业盈利外，其余工业行业都出现了亏损，亏损额最大的行业为机械工业、纺织工业、食品工业，分别为-7.69亿元、-5.10亿元、-4.96亿元。许多部门中的利润总额与销售收入呈反向增长，如煤炭工业、石油工业、冶金工业等行业在销售收入增长的同时，其销售成本、销售税金及期间费用等大幅增长，增幅超过了销售收入的增长速度，导致利润下降，出现亏损。这类企业应加强内部管理，严格控制各项成本和费用开支，挖掘潜力、增加效益的任务仍然严峻。

二、四川省国有企业资产运营面临的几个问题

四川省国有企业资产运营效益不高的原因何在？概括讲，一是历史的原因，造成国有经济结构不合理；二是外部经济环境的影响，国有企业改革尚未从整体上取得突破性进展，企业经营机制不健全；三是内部管理不完善，企业普遍缺乏有效的自我约束机制，缺乏一套严密科学的管理体系。这些问题主要体现在以下方面。

（一）国有企业的资产运行质量不高

1998 年国有企业销售收入 1140.49 亿元，比上年减少 250 亿元，减幅达 17.98%；实现利润－8.4 亿元，由上年的 3.2 亿元盈利转为亏损。其他各项财务经营指标都趋向下滑，其中净资产收益率－0.91%、总资产报酬率 1.88%、销售利润率－0.74%，分别比上年度减少 1.3%、0.38%、0.97%。

从基本行业情况看，除建筑业、交通运输业、房地产业和社会服务业增长外，其余行业的销售收入比 1997 年都有不同程度的减幅；增长幅度最快的是房地产业，增幅达 36.80%，这与投资拉动经济增长，国内消费需求尤其是启动房地产市场拉动经济增长的宏观政策相吻合。

（二）国有资产集约化程度低、大中型企业亏损面过半

全省国有企业的户均资产为 0.27 亿元，远低于全国的平均值 0.49 亿元。与资产集约化程度相对应的是四川省国有企业行业集中度低，最

明显的是四川省贸易业企业户数为 3148 户，户均资产 0.17 亿元，企业规模都比较小，这种小而分散的行业布局，必然造成专业化协作程度低、市场竞争力弱等弊端。

从盈亏状况看，1998 年国有企业中盈利企业有 2825 户，亏损面为60.94%，比上年的 60.39%略有增加；特大、大、中型企业亏损户有 598户，占全部特大、大、中型企业的 53.58%，与上年的 54.03%基本持平。

（三）国有企业资产管理水平不高

国有企业资产管理水平较低表现为资产损失、资金挂账包袱沉重；资本结构不合理，自有资金不足，债务沉重。一方面，全省企业待处理资产净损失额为 38.35 亿元，比 1997 年的 27.68 亿元增加 10.67 亿元；全部资金挂账 237.04 亿元，比 1997 年的 254.1 亿元减少 17.06 亿元；资产损失和资金挂账总额达 332.44 亿元（含不良资产 57.06 亿元），占总资产的10.97%，比清产核资的 30.52%增加 6.2 个百分点。另一方面，企业负债率在 100%以上的有 2758 户，达 38.16%，比 1997 年的 33.68%有所上升。

管好搞活四川省国有企业，实现国有资产的保值增值，应着重从以下几个方面入手：强化全省国有资本金的运作，集中精力抓好一批大型企业；促进非国有和国有经济的共同发展，实施市场、资源与资金、技术的"互换"战略；利用各项鼓励政策，促进企业提高资产运营效益；"抓大放小"与"抓盈放亏"相结合；完善国有资产管理体制，大力培育和发展市场体系；解决企业流动资金不足的矛盾，推行资产占用制度；加强企业对外投资的管理，加快社会保障体系的建设；寻找新的产业增长点，尽快理顺外部环境；全面开展建章建制工作，强化选择和考核企业法人。

发表于《四川财政》1999 年第 12 期

附　录

企业管理中财务指标和非财务指标结合的广义模式

内容摘要： 本文围绕企业管理中财务指标和非财务指标的结合，讨论了财务模式、价值模式和平衡模式，财务指标和非财务指标的逻辑关系，探讨性地提出了财务指标和非财务指标结合的广义模式，并将广义模式应用于真实案例。

一、财务模式、价值模式和平衡模式

随着企业管理理论的不断发展，对企业管理中财务指标和非财务指标的认识不断深入，财务指标和非财务指标的结合经历了财务模式、价值模式到平衡模式的演变，以适应现代企业管理的需要。

19世纪末20世纪初，美国银行对于申请贷款的企业要求提供其资产负债表。随后，美国学者亚历山大·沃尔（Alexander Wall）首开财务分析和评价的先河，创立了比率分析体系。由于会计数据易于获取、可比性强，以财务指标为核心的比率分析体系及稍后出现的杜邦分析系统等财务模式在企业管理中发挥了巨大作用，从而财务模式局面一直持续到

20 世纪 80 年代中期。

1991 年，针对财务指标无法真实地反映企业现实状况、未来价值创造和企业绩效评价的缺陷，斯特恩·斯图尔特（Stern Stewart）公司在剩余收益指标的基础上，通过对当前会计数据调整解决了这一问题，提出了经济增加值。利用经济增加值进行财务分析，能在公司内部树立资本成本的概念，可更准确地评价股东财富的创造水平，有利于建立长期的激励制度，从而价值模式得到实务界和理论界的推崇。

1992 年，为了使生产、财务、营销、研发和人力资源等职能在企业内部得到平衡发展，罗伯特·卡普兰和大卫·诺顿通过补充非财务指标从多个角度全面反映企业绩效，在《哈佛商业评论》1992 年 1/2 月号、1993 年 9/10 月号和 1996 年 1/2 月号上发表的《平衡计分法——良好效绩的评价》等三篇开拓性文章中，提出了平衡计分卡，将顾客层面、内部业务层面、创新和学习层面等非财务指标作为反映企业战略目标的重要指标，为经理们提供了全面的框架，平衡模式在全球得到广泛推广。

由上可见，每种模式的产生都有其深刻的背景，反映着企业管理面对环境挑战而涌现出来的与时俱进的创新精神。财务模式以利润最大化为目标，价值模式以股东财富最大化为目标，平衡模式以企业价值最大化为目标。经济增加值和平衡计分卡都强调非财务指标的作用，不过前者没有将非财务指标作为价值模式的指标，后者将非财务指标作为平衡模式的指标。但是传统的以财务指标为主的财务模式忽视了非财务指标的作用，最近发生在美国公司中的财务丑闻也暴露了财务模式的不足。

二 、财务指标和非财务指标的逻辑关系

需要强调的是，企业管理中财务指标和非财务指标结合模式的划分

只是出于理论研究的方便，现实中并不存在完全泾渭分明的结合模式。财务指标和非财务指标，都是科学规范的企业管理体系中不可缺少的组成部分。财务指标和非财务指标相互结合、相互补充、互为校正，将有效地促进企业管理决策更加科学和合理。财务分析固然在多方面可以反映企业的财务状况，但就财务分析得出的结论本身而言，还不足以作为决策的全部依据。这是因为：企业的综合状态或发展趋势等方面的问题，有些是难以用货币来表示的。有些非财务方面的信息对企业的信息使用者来说比货币信息更重要。例如，两个财务状况相同（从报表信息看）的同类企业，一个处于上升期、另一个处于下滑期，它们只是在上升和下滑的过程中的某一时点表现为相同的财务状况。这种上升和下滑的发展趋势就不一定能从报表中反映出来。

　　任佩瑜在国家自然科学基金资助项目"企业管理绩效综合集成评价系统研究"（批准文号：70141034）中描述了这种上升和下滑的发展趋势，具体操作公式如下：

$$S = KLn\left[\frac{\sum_{i=1}^{n} w_{i1}x_{i1} - \sum_{i=1}^{n} w_{i0}x_{i0}}{\sum_{i=1}^{n} r_{i1}y_{i1} - \sum_{i=1}^{n} r_{i0}y_{i0}}\right] \tag{1}$$

式中：K 是系数，定义为企业在所处的特定行业中，每增加单位收益所需追加的成本值，也可用财政部企业效绩评价中的行业系数替代。x_i 为企业第 i 个财务指标，w_i 为企业第 i 个财务指标的权数；y_i 为企业第 i 个行为指标，r_i 为企业第 i 个行为指标的权数。

　　这个公式的经济学意义为：企业行为结果的变化引起企业财务结果的变化，企业财务结果增量与企业行为结果增量的比值变化引起企业发展趋势的变化。

　　在以往的教科书和理论中，传统的平衡模式（平衡计分卡为其中之一）将财务指标和非财务指标进行线性的、静态的加权相加，这样是否合理是本文研讨的所在；传统的财务模式将财务指标进行线性的、静态的加权相加，是否合理是本文研讨的附加结果。企业是一个复杂的开环巨系统，微观上企业每一个行为变化总有一个财务变化相对应，宏观上企业某一个非货币经营管理值总有一个货币经济绩效值相对应，所以，行为指标与结果指标、自变量与应变量的逻辑关系不是简单的加权相加。

三、财务指标和非财务指标结合的广义模式

所谓多目标决策模糊优选理论就是一种对复杂的系统模型采用分解和协调等方式，设立多个子目标，或定量或定性，来共同剖析说明总目标，解决涉及多个指标制约的事物评价问题的有效方法。企业管理中财务指标和非财务指标结合的广义模式，是根据财务指标集和非财务指标集对不同的企业进行优选的决策过程。设有 n 个待评的企业组成的决策集 $D = \{d_1, d_2, \cdots, d_n\}$，假定其中的一家为绝对的优良企业，一家为绝对的非优良企业，有 m 个指标（财务指标或非财务指标）组成对决策集 D 的评价指标集 $V = \{v_1, v_2, \cdots, v_m\}$，则模糊优选理论的目的就是确定每个企业的广义模式对于模糊概念"优"的相对优属度，根据相对优属度的大小对 n 个企业的广义模式排出优劣次序。

求解过程略，解得决策 j 的相对优属度模型为：

$$U_j = \cfrac{1}{1 + \left[\cfrac{1}{\sum\limits_{i=1}^{m} w_i r_{ij}} - 1\right]^2} \tag{2}$$

由此得到各企业的相对优属度向量 $U = \{u_1, u_2, \cdots, u_n\}$。$U_j$（$j = \{1, 2, \cdots, n\}$）的大小排序，就是 n 个待评的企业组成的决策集 D

$= \{d_1, d_2, \cdots, d_n\}$ 关于广义模式的优劣排序。式中：r_{ij} 为决策 j 指标 i 的相对优属度，$\sum_{i=1}^{m} w_i = 1$（w_i 为第 i 个指标的权重）。

由上可见，假定有 n 个待评的企业，有 m 个指标（财务指标或非财务指标），w_i 为第 i 个指标的权重，按相对优属度模型（2）计算相对优属度，可得各企业关于绩效评价的广义模式得分。

该广义模式的数学和物理意义清晰，解决了在传统的平衡模式（平衡计分卡为其中之一）中将财务指标和非财务指标进行线性的、静态的加权相加的逻辑问题；以此类推，也解决了在传统的财务模式中将财务指标进行线性的、静态的加权相加的逻辑问题。实际上，传统的财务模式中将财务指标进行线性的、静态的加权相加的值近似于按相对优属度模型（2）计算的广义模式值。

四、广义模式的应用

目前我国的企业正在努力跻身国际市场，企业管理水平同样受到信息时代的挑战。广义模式适用面广，不同的市场地位、产品战略和竞争环境，要求有不同的、各有特点的广义模式，以便与不同使命、战略、技术和文化的企业相符合。各地区和各企业可以比照该模式的基本原理，通过对各指标的内容或其加权系数加以修正调整后，设计符合本地区和本企业规律，反映本地区和本企业要求和特色的广义模式。管理层应把广义模式看作是帮助企业最终实现其成为本行业排头兵目标的管理体系。

设真实企业某国际航空快件有限公司拥有国内最大的快递服务网络，在全国开设有 39 家分公司，拥有 2800 多名员工。2002 年被该公司定为"服务年"，为了让全国 39 个分公司的 2800 多名员工的客户服务意识和服务态度都得到提升，公司可以将广义模式作为一种战略管理模式，公司的战略目标定位为"市场领导者"，并根据公司的内部组织机构，将公司的战略目标分解为财务、效率和服务质量三个层面的指标体系（该指标体系为 4 个财务指标、6 个效率指标和 3 个服务质量指标，具体指标略）。由于 39 个分公司为相同的指标体系，无论是财务、效率和服务质量层面，各个分公司拥有共同语言，量化的评价指标可以让他们清楚地知道自己在全国分公司中所处的水平。各分公司将财务、效率和服务质量三个层面的指标分别对照评价指标标准值，并根据各项指标的权数，通过计算转换为可以度量的评价分数。设 A 分公司评价指标集 $V = \{v_1, v_2, v_3\}$ = ｛财务指标，效率指标，服务指标｝ = ｛0.82，0.92，0.86｝，对最满意的给予 1，即 $v_i \leqslant 1$；三层面评价指标的权向量 $w = \{w_1, w_2, w_3\}$ = ｛0.40，0.30，0.30｝。对 A 分公司按相对优属度模型 (2) 式计算，可得 A 分公司的广义模式得分：

$$Ua = \cfrac{1}{1 + \left[\cfrac{1}{w_1v_1 + w_2v_2 + w_3v_3} - 1\right]^2}$$

$$= \cfrac{1}{1 + \left[\cfrac{1}{0.40 \times 0.82 + 0.30 \times 0.92 + 0.30 \times 0.86} - 1\right]^2} = 0.975$$

由案例看出，可把企业的战略目标转化为广义模式中的若干财务指标层面和若干非财务指标层面，每个层面包含若干具体指标，从而解决了企业管理中财务指标和非财务指标结合的广义模式的得分计算。

参考资料

1. 任佩瑜：企业管理绩效综合集成评价系统研究，国家自然科学基金资助项目（批准文号：70141034），2002年。

2. 王琼等：《多因素模糊优选理论在政府采购评标中的模型及应用》，《财政研究》，2002年第12期。

3. 彼得·F.德鲁克：《企业绩效测评》（《哈佛商业评论》精粹译丛·第一辑），中国人民大学出版社，1999年。

2003年9月完成，未发表

企业效绩评价的应用研究

内容摘要：本文阐述了企业效绩评价应用研究的相关背景，主要内容包括：企业效绩评价体系的一般特点，企业效绩评价应用的必要性；我国开展企业评价工作的历史与现状，国外开展企业评价的情况和我国开展企业效绩评价工作的发展方向。论文就企业效绩评价应用所涉及的理论问题，论述了现代企业的委托代理理论，现代企业财务评价理论和现代企业管理中的系统控制理论。在企业效绩评价的个案应用研究中，本文简要介绍了华西航空公司的经营状况，评价了其经营效绩，具体涉及评价实施、评价结果分析和评价后的有关建议。在此基础上，对企业效绩评价应用中的问题与对策，表明了自己的观点。最后，概述了本文的结论。论文重点就企业效绩评价应用的必要性、企业组织运动的有效性、效绩评价的实际操作和企业效绩评价应用中的对策，提出了自己独到的见解和较新的创意。

一、企业效绩评价应用研究的背景情况

如何加强对国有企业的有效监管，始终是我国企业管理中的重大课题，社会各界和政府有关部门一直在不断研究、探索和实践，并先后出台了一系列监管措施。随着我国市场经济体系的逐步确立，国有企业改革和政府职能转变的不断推进，监管手段也应适应这些变化，进行新的探索。近期，财政部等四部委联合制定颁布了《国有资本金效绩评价规则》，标志着企业效绩评价体系在我国初步建立，这将对加快建立现代企业制度和提高企业管理水平发挥积极作用。所以，企业效绩评价的应用研究具有较强的现实意义。

（一）企业效绩评价体系的一般特点

所谓企业效绩评价，是对企业资本金运营效绩评判和经营者业绩评估的简称，是运用数理统计和运筹学方法，采用特定的企业经营指标体系，按照规定的程序，参照预先测算的行业标准值，对企业一定经营期间的资本金经营效益和经营者业绩，进行较为全面和科学的定量及定性对比分析，并做出客观、公正、准确的综合评判[①]。它与其他类似经济行为相比，既有区别也有联系。

其一，企业效绩评价与效益考核。效绩评价内容广泛，使用指标较多，评价结果综合性强，强调客观公正性；效益考核目标专一，指标数量较少，考核行为目的明确，人为因素较大。效绩评价与效益考核的目

---

① 孟建明：《建设和完善国有资本金效绩评价工作体系的基本思路》，《国有资产管理》，1999 年 7 期，第 10 页。

的都是对企业进行比较分析，找出经营中的差距，督促企业规范经营行为，效绩评价是对企业效益考核的科学基础和重要依据。

其二，企业效绩评价与资产评估。效绩评价是评判企业经营效益和经营者业绩的优劣。资产评估是估算企业某一时点资产价值量的大小。效绩评价与资产评估的行为对象都与企业财务有关，涉及企业的资产价值量。

其三，企业效绩评价与财务分析。效绩评价是对反映企业效绩的指标完成情况进行打分，评价结果是一个"标识"；财务分析是对有关财务指标进行纵向、横向比较，研究它的变化及其变化原因。效绩评价与财务分析都要对财务指标进行深入分析，效绩评价弥补了单纯财务分析难以得出综合结论的不足，财务分析可以实现对评价结论的验证。

企业效绩评价体系结构严密，由制度体系、组织体系和指标体系三个子系统组成；三个子系统相辅相成，在评价方法、评价程序方面给予了有力的指导。该体系的最大特色就是采取了多层次的指标体系和多因素分析方法。指标体系有三个层次，由基本指标、修正指标和评议指标共 32 项组成，参见附录 1；用 8 项基本指标进行初步评价，可以取得企业效绩状况的初步判断；采取 16 项修正指标对有可能导致 8 项基本指标出现偏差的因素进行调整，对初步结论加以修正得出基本评价；最后采用具有代表性的 8 项评议指标对影响企业效绩却无法量化的多项非计量因素进行经验判断，对基本结论做进一步补充修正得出综合评价。三个层次指标实现了多因素互补和逐级递进修正，通过分析企业财务报告得出不同财务比率指标，将不能用货币单位表达但对评价企业又有重大影响的内容通过专家评分的方法量化，然后将各种指标比率用线性关系结合起来，形成综合指标，保证了最终评价结果的客观、真实、全面。其评价方法、指标和标准有以下特点：

其一，体系结构按系统方法设计。企业效绩评价指标体系横向分为四个部分，纵向分为三个层次，形成立体结构。四个部分分别反映企业的财务效益状况、资产营运状况、偿债能力状况和发展能力状况，通过基本指标、修正指标和评议指标三个层次对企业效绩进行层层深入分析。各层次各部分指标又是一个子系统，可以相对独立地发挥作用，但要对企业实施综合的分析判断，必须发挥指标体系的整体功能。

其二，指标体系以效益为中心。指标体系重点突出企业的经营效益，在设计指标体系时，参照了国际通行的做法，以净资产收益率为主导指标，重点反映企业的财务效益状况，推动企业提高经营管理水平，以最少的投入获取最大的产出。

其三，以全国统一颁布的评价标准值作基准。企业效绩评价体系利用全国企业会计信息统计资料，采用数理统计方法，统一测算和颁布行业、规模等不同分组的标准值。这在我国尚属首次，便于企业确定自身在同行业、同规模以及在国民经济中的水平和地位，并减少了评价工作中的人为因素。

（二）企业效绩评价应用的必要性

党的十四大召开后，明确了我国经济体制改革的目标是建立和完善社会主义市场经济体制，一方面国家对国有企业由过去直接管理向间接管理转变，企业作为独立市场竞争主体和法人实体的形象日渐清晰；另一方面，政府作为出资者依法享有的资产收益、重大决策权和选择管理者等基本权力没有得到有效行使，在监管工作上的缺陷逐渐暴露出来。因而，如何在现代企业制度条件下矫正企业目标与评价机制，加强对国有企业的监管，以及如何建立科学的选人用人机制，已是摆在我们面前的紧迫课题。

撇开公共产品生产企业不说，对一般企业而言，传统体制下强调企业的经济责任、政治责任、社会责任甚至道德责任，且多重责任主次不定，从而企业的目标确定也是多元的，目标排序是不确定的，企业作为经济法人本性的经济目标被其他非经济目标裹挟淡化。与此相关，社会再生产运动中对企业的评价，有着多元的标准，资源配置效率的评价标准也被其他标准冲淡。这种多元目标和多重标准势必扭曲企业的经济理性，使企业无所适从。随着社会主义市场经济目标的提出，市场作为配置资源的基础性手段得到明确，相应地必须简化企业目标定位和评价标准。按经济理性要求，企业作为独立的经济法人和市场主体，其行为目标首先是经济目标——收益最大化[①]。

企业效绩评价的实施，有利于转变政府职能，形成新型政企关系。随着职能的转换，政府的意图在于通过市场间接地作用于企业，这就要求为政府提供一种新的监管企业的手段，在政府和企业间构建新型的政企关系。而实施企业效绩评价，有助于满足这一要求，政府以所有者身份对国有企业进行评价，有助于其职能的正确和有效履行，既实施有效监管，又促进政企分开原则的落实。

企业效绩评价的实施有利于建立科学的选人用人机制。长期以来，国有企业领导班子的选拔任用机制仍然不完善，企业领导班子考核由于缺乏科学合理的衡量标准，主观随意性较大。由于选人用人不当，导致一些企业陷入困境的教训十分深刻。可见，建立科学的选人用人机制，客观上需要对企业经营者的业绩做出全面、客观、真实的评价，企业效绩评价的实施就是有效途径之一，有利于所有者做出正确的用人决策，也有助于建立高素质的经营者队伍，推进形成经营者人才市场。

---

① 伍柏麟：《社会主义市场经济学教程》，复旦大学出版社，1993年，第153页。

（三）我国开展企业评价工作的历史与现状①

改革开放以前，我国对企业经营效益的评价称为考核，而且侧重对工业经济的运行效果进行考核。主要考核指标是工业企业的生产产值、企业规模和产品产量等，考核方法是将企业的年终完成结果与年初计划比较，以此确定企业经营成果。改革开放以后，曾推行以利润承包为主的承包经营责任制，考核指标主要是利润完成情况和上缴利润情况，考核方法是实际完成情况与承包指标对比，从而确定经营业绩。

进入20世纪90年代，随着我国社会主义市场体制的逐步建立，国家开始重视和研究企业评价问题，积极探索在政府转变职能后，对国有企业实行间接管理的有效途径。在评价对象上，在继续进行大规模的行业或区域整体经济效果考核的同时，开始重视对微观企业的评价；在评价内容上，由原来的以反映总量方面内容为主，如企业规模和产品产量，转向全面、系统地反映企业经营效益的生产、经营、管理和核算等方面；在评价指标上，由单纯的总量指标转向系统化的以比率指标为主导的评价指标。

1992年，国家计委、国务院生产办、国家统计局联合下发了工业经济评价考核六项指标，重点考核评价全国工业经济或区域工业经济的运行效益。评价方法主要是根据工业企业考核期的统计结果，对整体工业经济运行状况进行测评。1993年，财政部颁布的《企业财务通则》正式实施，使我国企业的财务评价指标体系由企业的偿债能力、营运能力和营利能力三个方面构建，共包括8项评价指标。1995年，财政部发布了

① 财政部统计评价司：《企业效绩评价问答》，经济科学出版社，1999年，第9—10页。

企业经济效益评价指标体系，包括 10 项评价指标，从投资者、债权人和社会贡献三个方面评价企业。这套体系在方法上要求企业年终按照财务决算执行结果，运用 10 项指标自行评价。1997 年，国家经贸委、国家计委、国家统计局三个部门为适应社会主义市场经济体制的建立和新财税制度的全面实行，将原来的工业经济评价考核 6 项指标调整为 7 项指标，重点从企业盈利能力、发展能力、营运能力、偿债能力等方面评价考核工业经济的整体运行状况。

（四）国外开展企业评价的情况

对企业的经营业绩进行评价，在西方国家已出现多年，作为一项有效的企业监管制度，已成为市场经济国家监督约束国有（公营）企业的重要手段。从国外看，企业评价大致可分为两种：一种是政府评价，另一种是社会评价。

以政府部门为主体，以国有（公营）企业为对象的政府评价，主要是对国有（公营）企业的效绩评价。国外对国有（公营）企业的经营效绩评价始于 20 世纪 60 年代末，较早对国有（公营）企业实施评价的是法国；进入 20 世纪 80 年代，其他国家也陆续开展这项工作。20 世纪 70 年代末，一些国家国有（公营）企业效益低下、经营水平不高，因经营者报酬过低造成经营人才流失，以及国有（公营）企业只重视计划指标完成而忽视对效益和市场目标的追求等问题较为普遍。针对上述问题，韩国、日本、巴基斯坦、新西兰等国家和中国台湾地区，先后实施经营效绩评价制度，运用计量指标和非计量指标组成的评价指标体系，对企业进行以定量分析为主、定性判断为辅的综合评价，认定经营效绩，实行相应的奖惩。新制度的实施，加强了外部监督，有效地促进了国有（公营）企业经营管理的改善和经营效益的提高。

以社会中介机构为主体，以社会所有类型企业为对象的社会评价，主要是对社会所有类型企业的信用评价。信用评价历史较长的国家是美国，至今已有150多年的历史。信用评价主要有两种类型，一种是资信评价，一种是企业评价。资信评价，主要是当企业发行债券、股票上市、获取银行贷款时，对企业进行的信用评级。目前美国资信评价的主要标准有：财务指标比率、债券所附条款、债券到期期限、稳定性、管制、反托拉斯活动、环保因素，其他还有退休金提发、劳资纠纷、会计政策等标准。虽然资（债）信评级要考虑众多因素，但在进行评估工作时，美国评级机构并未用到精确的公式，因为实证研究表明：根据量化资料来预测资（债）信等级无法完全准确预测实际的结果。美国权威评价机构主要有邓白氏公司、穆迪投资者服务公司、标准普尔公司等，这些公司的评价范围广，业务量大，遍及全世界。企业评价，主要根据企业要求或某些特定目的，对企业经营状况、发展战略、市场营销、产品定位及企业对外投资的投资环境、投资前景预测等进行综合评价。同时，评价公司的业务还包括承担企业改组、兼并、拍卖等行为中的会计报表、资产评估乃至方案的设计和实施。

（五）我国开展企业效绩评价工作的发展方向

在我国，经过近几年来的研究与探索，效绩评价已进入起步阶段，效绩评价制度的建立和完善，评价工作的推行和开展，评价行业的兴起和规范，客观上需要一个起步、发展、完善和成熟的过程。企业效绩评价是市场经济国家激励和惩罚国有（公营）企业的重要依据和方法，通过市场化国家的积极探索和实践，得到不断发展和完善。我国的企业效绩评价，也将作为市场经济条件下监管企业的新方法，在实践中发展，其制度办法和方法体系将不断规范。同时，需要密切注视国际评价行业的发展进程，及时学习和借鉴国际上新的评价经验。伴随着我国经济的日益国际化，企业效绩评价体系将逐步与国际接轨。

目前，我国评价工作正处于起步阶段，为便于评价工作的开展和推广，应主要由政府部门负责制定制度办法，组织重点企业首先开展，促进评价工作深入进行。随着评价制度的逐步规范以及市场经济体系的不断完善，特别是随着企业投资结构的日益多元化，企业效绩评价工作，将如同社会审计、资产评估一样，逐步由政府部门操作过渡到由政府委托评价和由社会中介机构实施评价，如行业协会、咨询公司和公共会计师事务所等；它们能为企业的效绩评价提供全套服务，这将成为社会经济活动中的一项日常行为，同时也获取了来自商业机会的利润。不容忽视的是，信息技术在推动效绩评价指标的革命中，也起到了至关重要的作用，可开发的、经济实用的效绩评价指标范围正在急剧扩大。

二、企业效绩评价应用所涉及的理论问题

企业效绩评价的应用符合现代企业的委托代理理论、财务评价理论和现代企业管理中的系统控制理论的要求，其初步建立已受到越来越多企业及其相关主体的关注。

（一）现代企业的委托代理理论

现代企业理论认为，企业就其性质而言可概括为"是生产要素的交易，确切地说是劳动与资本的长期的权威性的契约关系"[1]，对契约组合

---

① 罗纳德·哈里·科斯著，盛洪、陈郁译校：《企业、市场与法律》，格致出版社、上海三联书店、上海人民出版社，2009 年。

理论的具体化就形成了企业的委托代理理论。它认为契约的一方当事人为资产的所有者，即委托人；另一方是资产的使用者，即代理人或受托人，也称为企业经营者。

如果代理人能忠实地服务于委托人，委托人就可以达到预期的代理效果，但事实上很难做到。这是因为：一方面，代理人也是独立人格的经济人，经济人是追求利益极大化的理性人，他自己的利益目标并不总是和委托人的目标相一致；我们知道，理性人在"利己心"驱动下的经济行为目标是寻求经济利益极大化，这是经济学最基本的前提。他们将考虑付出的代理成本，并以之和为此可获得的利益相比较，将最有效地利用其可获得的信息，追求成本—效益问题的最优解。另一方面，委托人与代理人之间存在着信息的不对称性，使得二者之间的代理关系容易产生一种非协作、非效率。这主要反映在两个方面：一是败德行为，即代理人故意减少自己要素的投入，或采取机会主义行为损害委托人的利益；二是逆向选择，即委托人在不完全了解代理人的情况下，选择了条件禀赋较差的人作为代理人。

从本质上来看，败德行为源于人的自利本性，其存在的条件有三：一是利益主体的不一致，二是信息的不对称，三是不确定性的存在。信息不对称只是败德行为的外因。委托人与代理人利益的不一致才是败德行为的内因，要减少代理人的败德行为，就必须同时从两方面入手，即增加委托人与代理人的利益趋同性和减少二者之间的信息的不对称程度。前者是指委托人通过有效的激励机制，如把剩余索取权的一部分让渡给代理人以减少二者的利益摩擦，使代理人自觉地减少败德行为；后者是指委托人通过有效的约束机制，尽可能地减少与代理人之间的信息不对称程度，使代理人被动地减少败德行为。

这种委托代理关系的确立，形成了企业经营者依据契约合同，以企业法人代表的身份，独立自主地开展经济活动，并根据其活动结果获取报酬。由于败德行为与逆向选择的存在，使所有者还必须对经营者的行为进行约束，以防止经营者通过损害所有者利益而实现自身利益的行为产生。所有者的目标是获取财富的最大化，希望经营者稳健地进行经营，关心资本金的保值与增值，关心企业的整体利益和长远利益，防止出太大的风险；经营者的目标是提高资金的使用效率，加快资金的流动，关注企业内部分配，关心企业的眼前利益。协调好所有者与经营者的关系，尽可能地降低由于二者差异所发生的代理成本，是现代企业管理必须解决的大问题。解决这一问题的有效方法就是通过设计合理的企业效绩评价体系，将企业整体的、长远的利益与经营者个人的利益有机结合起来并与有效的激励约束机制挂钩，使所有者的目标与经营者的目标融为一体。例如，效绩评价可有效防止资产流失，防止利润转移；同时效绩评价为经营者年薪制、期权制、股权制的实施提供了依据。所以，效绩评价是委托人评价和监督代理人经营绩效的主要依据，也是委托人和代理人根据契约分享企业剩余索取权的基本依据。

（二）现代企业财务评价理论

从理论上讲，完全的激励（将剩余索取权完全让渡给代理人）和充分的监督（使委托人和代理人之间信息完全对称，其中包括有关代理人能力的信息）都可以消除代理人的败德行为（在满足代理人参与约束的条件下）。而完全的激励和充分的监督成本又太高，因此，大多数情况下都是采用有限的激励和有限的监督相结合，而有限激励的主要依据和有限监督的有效手段的实现必然对现代企业财务评价理论提出要求。现代企业财务评价是以企业财务报告反映的财务指标为主要依据，对企业的财务状况和经营成果进行评价和剖析的一项业务手段。企业效绩评价就其性质而言是属于财务评价的主要内容,但是,它又贯穿于财务管理的全过程。

现代企业财务管理过程是一项综合的价值管理过程,财务管理的基本出发点和目的必须有利于反映企业经营活动的基本质量,企业效绩评价体系所运用的各种评价指标是反映企业经营活动的基本质量的有效手段之一。因此,有必要首先明确企业经营活动的基本质量,它是企业实现稳定长远发展的能力,这一基本质量的特征可以大致分为五个方面[①]:

其一,效率性。企业配置资产、运用资产的效率,是衡量企业配置各种资产的有效性和最大限度地周转其所控制的资产的能力。

其二,盈利性。企业能够实现最大限度的投入产出比,直观的要求就是实现所有者利润最大化。

其三,偿债性。企业不断地举债筹资和顺利地偿还债务的能力,它实际上是对企业的举债经营的态度、举债的规模和结构、资产的流动性和变现能力、举债储备能力以及付款信誉的综合判断。

其四,发展性。企业在正常经营的情况下,能够随着时间的延续最大限度地壮大规模,最大限度地实现发展性经营。

其五,稳固性。企业在外界条件(包括市场需求、通货膨胀、国家政策等)发生变化时,仍然能够按照既定的经营策略和经营方针保持正常经营的市场竞争能力。

企业经营活动这五个方面的基本质量特征存在着相互影响和相互促进的关系,基本质量特征的一方面变化必然引起另一方面的变化,它们之间是一个完整的体系,共同构成一个企业经营活动的基本质量。所以,

① 严整:《现代企业财务管理指标体系初探》,四川大学硕士学位论文,1999年,第30页。

有效反映企业经营活动基本质量的效绩评价指标体系必须体现其特征①。

效绩评价指标体系的特征为：

评价企业资产营运水平的指标。企业的生产经营过程就是利用资产取得收益的过程，资产是企业生产经营活动的经济资源，资产的管理水平直接影响到企业的收益，它体现了企业的整体素质。通过这类指标可以了解到企业资产的保值和增值情况，分析企业资产的管理水平、资金周转情况、现金流量情况等，为评价企业的经营管理水平提供依据。

评价企业获利能力的指标。获取利润是企业的主要经营目的之一，它反映了企业的综合素质。企业要生存和发展，必须争取获得较高的利润，这样才能在竞争中立于不败之地。投资者和债权人都十分关心企业的获利能力，获利能力强可以提高企业偿还债务的能力。这类指标可以反映企业整体获利能力的高低，为正确评价经营者的业绩提供了依据。

评价企业偿债能力的指标。这类指标可以反映企业资产的流动性、负债水平以及偿还债务的能力，从而评价企业的财务状况和经营风险，为管理者、投资者和债权人提供财务信息。

评价企业未来发展潜力的指标。无论是企业的经营管理者还是投资者、债权人和企业员工等，都十分关注企业未来的发展能力，这关系到他们的切身利益。通过这类指标可以了解企业未来发展能力，预测企业的经营前景，从而为企业经营管理者和投资者进行经营决策和投资决策提供重要的依据，避免决策失误给其带来重大经济损失。

评价企业现金流量的财务指标。由于企业的会计计量多数是以过去、现在和未来的现金流量为依据，所以现金流量信息是企业财务信息的重

---

① 严整：《现代企业财务管理指标体系初探》，四川大学硕士学位论文，1999年，第34—35页。

要组成部分。设计分析现金流量的指标可以为投资者、债权人和经营管理者等评价企业的财务状况和预测利润分配或股利支付方面提供基本信息。

（三）现代企业管理中的系统控制理论

一个企业要想长期生存下去，必须保证其健康的状态或良好的效绩。良好的效绩有赖于管理的效率，而管理的效率体现为组织运动的有效性或组织效率。从系统的角度看，一个企业可以描述成这样一个实体，即获得输入、从事转换过程、产生输出和反馈；一个企业可以通过下述这些方面的能力进行评价：获得输入的能力、处理这些输入的能力、产生输出的能力和维持稳定与平衡的能力。输出产品或服务是目的，而获得输入和处理过程的效绩是手段。为了维持或提高企业的效绩，管理者应该关心控制。所谓控制，可以定义为监视各项活动以保证它们按计划进行并纠正各种重要偏差的过程。所有的管理者都应当承担控制的职责，即便企业是完全按照计划运作着。因为管理者在对已经完成的工作与计划所应达到的标准进行比较之前，他并不知道企业的工作是否进行得正常。一个有效的管理系统可以保证各项行动完成的方向是朝着企业目标的，管理系统的控制越是完善，管理者实现组织的目标就越容易。

企业的战略发展和组织演进，企业的外部环境和内部结构的日趋复杂，而且企业组织结构随公司战略的发展而演进，这从根本上决定了企业必须有一个完善的、随企业组织结构的演进而做出调整，以取得和谐一致的管理系统。

管理系统的设计，必须满足以下七个要求：

其一，准确。若要确认实际业绩是否符合预期业绩，关于业绩的信息就必须是准确的。

其二，及时。信息只有及时获得才是有用的，迟到的信息可能导致不适当的反应或压根儿没有反应。

其三，客观。信息必须尽可能的客观，而不是限于个人意见。

其四，可接受。一个管理系统的控制指标尤其是评价实际业绩的指标，只有当人去使用它时才会有作用。

其五，可理解。指标只有当它是可理解的和能被使用者恰当地解释时才是有用的。

其六，效益。一个良好的管理系统应能提供较其实施和维护成本更大的利益，这种利益包括基于管理系统的控制信息所做的管理决策的改善。

其七，反映公司特性。一个有效管理系统的控制设计，必须反映公司独有的特征。

尽管计划可以制订出来，组织结构可以调整得非常有效，员工的积极性也可以调动起来，但是这仍然不能保证所有的行动都按计划执行，不能保证管理者追求的目标一定能达到。因此，控制是重要的，它是企业管理系统职能环节中最重要的一环。管理系统的控制可以划分为三个步骤：第一，为了确定实际工作的效绩究竟如何，管理者需要收集必要的效绩信息，衡量实际效绩。第二，通过反馈，将实际效绩与标准进行比较，可以确定实际工作效绩与标准之间的偏差。在某些情况下，偏差是在所难免的，确定可以接受的偏差范围是非常重要的；如果偏差显著地超出这个范围，就应该引起管理者的注意。第三，控制的第三个或最重要的一个步骤就是采取管理行动以提高管理效率，维持稳定与平衡。管理者应该在下列三种行动方案中进行选择：什么也不做；改进实际效绩；修订标准。显然什么都不做和修订标准很容易理解，所以让我们着重讨论改进实际效绩。如果偏差是由于效绩的不足所产生的，那么管理者就应该采取纠正行动。其有效性体现为组织运动的有效性：必要组织结构参数，合理的政策，政策执行力度，员工积极性，过剩管理职能部门和过剩管理层级的调整。

任佩瑜教授在《经济体制改革》1998年第三期上发表的《论管理效率中再造组织的战略决策》表明，根据管理熵与管理耗散结构理论可知，企业组织的发展，可能从有序到无序，也可能从无序到有序。怎样才能阻止熵增促使管理系统有序化，形成耗散结构，使组织效绩提高，企业充满活力呢？从决定组织效率的主要因素和相关关系可知，组织效率与组织结构关系的数学模型为：

$$E = \frac{P_1 \times (P_2 + S + I)}{\sum_{i=1}^{n} (d_i + L_i)}$$

式中：E——组织效率；P_1——必要的组织结构参数；P_2——合理的政策；S——政策执行力度；I——员工积极性；d——过剩的管理职能部门；L——过剩的管理层级。

显然，组织的运行效率与精干合理的组织结构、合理的政策、执行政策的方式和程度以及员工的积极性成正比，组织的运行效率同组织结构（部门和层级）的复杂程度成反比。由于管理费用与组织结构（部门和层级）的复杂程度相关，管理回报率与精干合理的组织结构、合理的政策、执行政策的方式和程度以及员工的积极性相关，所以，提高组织的效率也就是提高组织的管理回报率，降低组织的管理费用。这个数学模型在分析组织效率和主要因素之间关系的基础上，揭示了提高组织有序性和效率的思想与原则。在精干组织的条件下，科学地制定和严格地执行管理的各项政策、策略，组织效率可得到提高，管理系统的效率可递增，企业组织健康的状态或良好的效绩有了保障。因此，企业效绩评价也要从企业组织运动的有效性方面来考察。

以上研究，阐明了企业效绩评价应用所涉及的理论问题，它不仅具有重要的理论意义，而且具有重要的实践意义，对于完善我国市场经济体制和现代企业制度将有较大影响。

三、企业效绩评价的个案应用研究

企业效绩评价在我国的应用既是必要的也是可能的，但具体到个案的实际操作时，个案应用研究的科学性是效绩评价是否能够有效应用的前提条件。

（一）华西航空公司的经营状况

1. 基本情况简介

华西航空公司（以下简称华航）是"七五"初期，按中央"两条腿走路"和"拾遗补缺"的精神，为缓解地区交通运输紧张状况，由地方政府出资兴办的一家地方性航空运输公司。1980 年 9 月 19 日成立，1985 年 7 月 14 日开航。现有职工 1213 人，其中 64％具有大专以上文凭；中级以上职称的飞行人员占总人数的 62％。

政府对华航的投资为 3840 万元，到 1998 年底其净资产已达 3.47 亿元。华航拥有飞机 17 架，以经营航空客、货、邮运输为主，公司总部设在西南某机场，并在重庆设有第二生产基地，在成都、北京、上海、广州、深圳、昆明等地设有销售机构，直通全国各地的航线 137 条。

华航自 1995 年起在国内率先引进 7 架"跨世纪机型"的空中客车 A320、A321 飞机之后，规模继续扩大，今年又将引进 3 架新舟 60 支线飞机及 3 架 ERJ145 喷气支线飞机。

华航在经营上始终坚持安全与效益并重的原则，积极探索地方航空运输公司发展的新路子。近三年发展速度较快，尤其在民航全行业效益大滑坡的形势下，各项主要经济技术指标逐年都有较大幅度的增长，保持着较好的发展态势。华航近三年的企业年度会计汇总决算报表主要数据见附录2。

2. 宏观经济环境和行业整体情况

中国民航运输是一个年轻的行业，新中国成立后随着国民经济的不断发展，航空运输量也不断增长，尤其在改革开放后的一段时期增长速度达到 GDP 增长速度的两倍，1997 年起发展速度减缓。这种高速后的减速，客观地说是民航事业发展中调整和提高阶段的客观要求。航空运输对宏观经济环境的反应十分敏感，从外部原因来说，这两年国民经济结构大调整，不少企业的发展速度减缓、效益下降，市场需求不旺，同时东南亚金融危机来势凶猛，国际客源也随之大幅度减少，直接影响航空运输；从内部原因来说，行业整体管理水平较低，抗风险能力弱，不能及时调整战略来适应市场化进程加快的外部环境；而前几年大宗的飞机订单又集中在这几年交付，出现了运力相对过剩的矛盾，使航空公司之间的竞争十分激烈、无序，表现出行业的整体发展战略和经营管理还不成熟，说明民航运输的发展潜力还没有得到有效的挖掘。

改组中国民航企业在民航业已经提了几年，但今年才算是正式提到议事日程，组建若干个航空运输企业集团，目的是使这些企业集团成为我国航空运输的支柱企业和参与国际竞争。目前中国民航业最大的问题就是，运输企业数量多、规模小、实力弱、形不成规模效益，而且国内公司之间竞争非常激烈，内耗现象严重。与此同时，国际上主要航空大国为增强竞争能力，纷纷在全球范围内进行大联合以实现航空公司国际化、跨国化、大型化和集团化。据悉，目前全世界航空公司联盟已达 300

多家。

中国民航总局日前透露，从今年开始，民航总局要将所属的中国国际航空公司，中国航空公司，南方、东方、西南、西北、北方、新疆、云南等航空公司进行重组，重组为若干个航空运输企业集团；重组后的企业集团再对所属分（子）公司进行调整和改组，形成合理的企业布局和结构，以提高中国民航企业在国际航空运输市场的竞争力。对于各省、市政府以及有关部门所办的航空公司，民航总局提出："鼓励和支持'他们'按照市场经济的原则，尽量归并到大型航空运输企业集团。"以上宏观经济环境和行业整体情况对华航的经营会产生重大影响。

3. 政府优惠政策和行政干预

省政府对华航的扶持主要在流转税收政策方面，即对公司实现的运输收入部分的营业税先后给予了免、减、返：1991—1993 年免交营业税；1994—1995 年实行先交后返政策，返还数为上交的 70％；1996—2000 年实行先征后返政策，由省财政安排资金返还，其中 1996—1997 年按上交数的 50％返还，1998—2000 年按上交数的 30％返还。截至 1999 年，已落实的政策为 5610 万元，尚待返还的还有 1035.6 万元。

省政府在经营方面给予华航很大的自主权，基本上为放开经营；在发展方面，给予了必要的支持，并积极帮助协调与国家有关主管部门的关系。但行业内的歧视、限制很大，主要有：机队规模的扩大受到限制，机型的选择一度也受到限定，航线和航班数量、航班时刻完全由民航总局安排或批准经营；航空票价、航油价格、机场起降费、总局结算中心的销售订座系统收费价格等完全由民航总局制定和调整，并规定了票价上下浮动的具体控制幅度；销售代理人的代理资格由民航总局审定，航空公司自己的销售网点要经民航总局批准才能设立且限定了数量；航空公司对旅客的服务内容，如对旅客服务的品种、报纸杂志的种类等，民航总局也有一些具体的规定并作为评价服务质量的标准。整个民航系统的计划经济色彩仍很浓，在很大程度上束缚了企业的手脚，加大了企业的经营风险和投资成本，限制了企业的发展速度。

从1998年国家统计数据看，航空运输在所有运输量总额中所占的比例不到1%，有更大的发展空间；尽管其增长速度不低，但因起步低和国民收入整体水平低，因而在一定时期内受到限制。从华航所属的地区看，由于西南地理条件的特殊性，发展航空运输与发展其他形式的运输有着投资相对低、建设周期短、见效快的优势。省内旅游资源丰富，将是21世纪省内经济的一个新增长点，现已纳入国家和地方建设规划的机场有九寨沟、乐山、绵阳、攀枝花、广元等，成都双流机场也在扩建中，这将为华航的发展提供更广阔的空间。华航目前在省会城市出港地的市场份额已达到30%左右，有着较强的市场运作能力。

4. 生产经营策略

华航在外部生存环境和内部再造环境方面都不同程度地受到很多制约，一是来自民航总局制定的相关政策，在飞机选型、机队扩展、航线开发、财务支持等关键问题上受到钳制；二是来自投资和自身积累的力度和速度与其发展的要求不匹配，融资渠道单一，负债率很高，经营风险很大；三是来自国有企业机制的惰性。但华航通过A320系列飞机的引进、融资、营运等的成功操作，在国际上具有一定的知名度。在发展的历程中，华航管理层克服重重阻力不断扩大机队规模和改善机型，在国内率先成功引进了2架A321和6架A320飞机，极大地提高了市场竞争力；目前又以一种创新的方式签署了5架T154飞机置换7架A318/A319飞机的租赁协议，为开辟支线航空市场签署了购买12架ERJ145系列飞机的协议，到"十五"末飞机总架数将达到32架，成为西部地区具有竞争力的航空公司。华航也很重视发展合作业务，现已与美国胜特兰宇航公司签署在成都地区合作建立 APU（飞机辅助动力设备）维修和培训基地的协议，与德国汉莎航空公司在成都合资组建航空食品公司；与四川联信投资公司联合在柬埔寨成立航空公司，用变通的方式打开国际航线；在国内作为发起人之一与其他五家航空公司结成"新星航空联盟"，探索地方航空公司可持续发展的路子；与南方航空公司、西北航空公司等5家公司签订了 A320 航材互助协议，实现航材共享，以降低储备资金。华航与成都海特航空设备维修公司合资兴办银燕航空设备维修公司，利用现有系统内市场，有目标地拓展经营范围，从而分散航空运输风险，开辟新的生财之道，提高公司的抗风险能力和竞争实力；为扩大融资渠道和改善经营机制，积极推进公司的股份制改造进程，改制的可行性方案已由相关部门批准。

华航曾在 1994 年进行过一次股份制改造，由于各种原因而失败。按当时公司先分立后改制的操作办法，分立出华西航空实业公司，划走了近 1.8 亿元的净资产，而全部负债留在了现在的公司。这次华航呈报并已被批准的改制可行性方案中，第一步将把原划出的华西航空实业公司通过吸收合并的方式合为一家；再在此基础上统一进行资产重组，重组后公司的航空主业率先进行股份制改造，并在一年后申请成为上市公司；其他业务将分别组建为全资子公司、不同资本结构的控股公司和参股公司，这项工作在明年全面铺开。

5. 资本运营效益

华航是以 2 架运七飞机从经营省内支线起步的，到目前已拥有国际上最先进的 A320/A321 飞机 8 架，T154 飞机 5 架，运七飞机 4 架，形成了一个有一定竞争力的干线机队。今年又分别与国外租赁商和制造商签署了 7 架 A318/A319 飞机的租赁协议和 12 架 ERJ145 系列飞机的购买协议，将从 2000 年起陆续交付使用。华航十分重视航线开发，与其他地方航空运输公司比较，其拥有更多的航线经营权，已形成一个以西南某省会城市为轴心、重庆为支点、覆盖全国主要城市的航线经营网络，为公司下一步的发展打下一定的基础。在市场销售上，注重多种战术的运用，并有所创新，同时十分重视对旅客的空中和地面服务，尤其是空中服务很有特色，"成都—深圳""成都—上海"两条航线被民航总局评为精品航线，乘务队荣获省"三八红旗先进集体"等多项荣誉称号。公司经营业绩较好，业务呈向上发展势头，1998 年在民航系统统计指标排序中，运输总周转量为第 9 位，旅客运输量为第 10 位。若以 1996 年为基期，1999 年的运输总周转量、旅客运输量、货邮运输量、运输收入的增长率分别是 66%、43%、86%、50%。

经过 10 年经营，华航目前的总资产已达 30.96 亿元，净资产 3.47 亿元。1996 年，公司领导班子调整后，有效地利用 A320 飞机在技术上的先进性，狠抓内部管理，在全民航效益大滑坡、航空市场竞争激烈的形势下，获得了较好的经济效益，当年即大幅度减亏，并从 1997 年起连续三年盈利。1997—1999 年累计实现利润、税金、民航建设基金和应计利息共 6.72 亿元；上缴税金和基金 2.28 亿元，支付银行利息 1.92 亿元；投入基本建设和地面设备更新改造 2.83 亿元，支付飞机租赁费 6552 万元。

航空运输企业是资金密集型企业，负债水平都很高，华航在这方面的矛盾也很突出，因此经营风险很大。但华航有着较好的财务管理和资金运作能力，尽管资金偏紧，但近三年均未拖欠过银行贷款和利息，对外的结算信誉很好，成功地操作了近 2.88 亿美元的飞机融资业务，得到国外制造商和融资银团很高的评价。

6. 公司自我诊断

(1) 年度效益情况。

继 1996 年大幅度减亏后，从 1997 年起在全民航效益大滑坡和行业发展速度减缓的情况下，能够实现扭亏为盈并连续盈利，说明华航经过近几年的努力，财务状况已由差变好，整个企业呈良性发展趋势。

（2）所处地位及水平。

按民航系统 1998 年统计指标排序，在全国 35 个航空公司中运输能力为第 9 位，市场（客运）占有能力为第 10 位，服务水平为第 3 位。在地方航空公司的排序为第 3 位。

（3）发展前景预测。

华航已制订了"十五"的机队发展规划，正在进行有关飞机引进的商务洽谈和签约工作，同时抓紧进行有关的报批工作。机队的改造工作进展顺利，这使公司即将拥有一个基本上全由当代最先进的机型组成的干线机队和支线机队，竞争力将大大增强。华航的空中服务具有较高的水平，销售手段和地面服务也具有一定的特色，并连续 10 年保持了安全飞行记录，为市场开发奠定了较好的基础。股份制改造的可行性方案已被批准，前期的资本重组工作已开始，建立现代企业制度的目标已明确。

（4）存在的主要问题。

其一，负债率高，财务风险大。

其二，由于已往的管理欠账，管理基础还较薄弱，管理基础的工作方法等相对落后。

其三，来自行业的干扰较多，民航系统政企不分、行政行为代替企业行为的现象较严重，制约企业的发展。

其四，行业内政策不规范，地方航空公司与民航直属公司的竞争处于不同的起跑线上。

其五，民航基础设施建设基金的征收比例仍较高，大于税赋；在基金的使用上地方航空公司不能直接受益。

（二）评价实施

华西航空公司系全民所有制企业，在行业上属航空客货运输业，规模属特大型，隶属四川省人民政府。四川省财政厅和有关部门依据《国有资本金效绩评价规则》，决定将华航列为 1998 年度企业效绩评价对象，给华航下达了评价通知书，并派评价工作组对华航实施效绩评价。本次评价依据华航提供的年度会计汇总决算报表（见附录 2）和审计报告等资料，按照《国有资本金效绩评价规则》《国有资本金效绩评价操作细则》《国有资本金效绩评价指标解释》和《国有资本金效绩评价记分方法》（详见参考资料 1、2 和 3）的有关规定，运用功效系数法和综合分析判断法，采用工商类竞争性企业效绩评价指标体系，以《国有资本金效绩评价有关标准》（详见参考资料 4）附件一：《1998 年度国有资本金效绩评价标准值》中航空客货运输业行业标准（见附录 3）和附件二：《国有资本金效绩评价评议参考标准（试行）》作为评价标准，本着客观、公正、公平的原则，对华航 1998 年度的经营效绩实施了综合评价。

有关部门按照规定工作程序实施评价，参考附录 4：《企业效绩评价计分表》，华西航空公司的效绩评价结果为 PR B+——良。

1. 初步评价

初步评价是指运用企业效绩评价三层次指标体系中的基本指标，对照每个指标相应的评价标准值，通过功效系数法进行计分，得出企业效绩初步结论的过程。初步评价结论是实施基本评价的基础。参考附录 5：《企业效绩初步评价计分表》，华航效绩评价的初步评价计分过程如下：

（1）净资产收益率。

指标实际值＝净利润÷平均净资产×100％

$$=\frac{959}{(34668+30817)/2}\times100\%=2.93\%$$

查标准值表：

本档标准值　－2.1

上档标准值　3.8

根据该项指标实际值所处区域的本档标准值和上档标准值，确定对应的标准系数：

本档标准系数　0.8

上档标准系数　1.0

依据指标权数设置：

权　　数　　30

则：

本档基础分＝权数×本档标准系数＝30×0.8＝24.0

上档基础分＝权数×上档标准系数＝30×1.0＝30.0

$$调整分=\frac{指标实际值-本档标准值}{上档标准值-本档标准值}\times(上档基础分-本档基础分)$$

$$=\frac{2.93+2.1}{3.8+2.1}\times(30\times1.0-30\times0.8)=5.12$$

基本指标得分＝本档基础分＋调整分＝24.0＋5.12＝29.12

（2）总资产报酬率。

与求净资产收益率的基本指标得分类似，相应可得出：

基本指标得分＝10.11

（3）财务效益状况。

财务效益状况基本指标得分＝净资产收益率基本指标得分

＋总资产报酬率基本指标得分

＝29.12＋10.11＝39.23

（4）资产营运状况。

与求财务效益状况的基本指标得分类似，相应可得出：

总资产周转率基本指标得分＝9.00

流动资产周转率基本指标得分＝6.26

资产营运状况基本指标得分＝总资产周转率基本指标得分

　　　　　　　　＋流动资产周转率基本指标得分

　　　　　　＝9.00＋6.26＝15.26

（5）同理：

偿债能力状况基本指标得分＝14.19

发展能力状况基本指标得分＝15.57

（6）初步评价得分。

初步评价得分＝基本指标总分＝∑单项基本指标得分

　　　　　　＝39.23＋15.26＋14.19＋15.57＝84.25

2. 基本评价

基本评价是指在初步评价的基础上，利用修正指标，采用功效系数法对企业效绩初步评价结果所做的进一步调整和完善，使计量指标评价结果更接近于企业实际。参考附录6：《企业效绩基本评价计分表》，华航效绩评价的基本评价计分过程如下：

（1）资本保值增值率。

指标实际值＝扣除客观因素后的年末所有者权益÷年初所有者权益$\times 100\%$

$$=\frac{（年末国有资产总量-年末其他国有资金）+（本年减少数-本年减少数中非客观因素）-（本年增加数-本年增加数中非客观因素）}{年初国有资产总量-年初其他国有资金}\times 100\%$$

$$=\frac{（38532-3865）+0-（5641-959-1792）}{32891-2074}\times 100\%=103.11\%$$

查标准值表：

本档标准值　102.1

上档标准值　113.9

基本修正系数＝［1.1＋（修正指标实际值所处区段－修正指标应处

区段）×0.1］

＝［1.1＋（4－5）×0.1］＝1.00

$$调整修正系数＝\frac{指标实际值－本档标准值}{上档标准值－本档标准值}×0.1$$

$$＝\frac{103.11－102.1}{113.9－102.1}×0.1＝0.009$$

依据指标权数设置：

单项指标修正权数　16

单项修正系数＝基本修正系数＋调整修正系数＝1.00＋0.009
＝1.009

综合修正系数＝单项修正系数×该修正指标权重

$$＝单项修正系数×\frac{某修正指标权数}{该指标所在部分的修正指标权数之和}$$

$$＝1.009×\frac{16}{16＋14＋12}＝0.384$$

（2）销售（营业）利润率。

与求资本保值增值率综合修正系数类似，相应地可得出：

综合修正系数＝0.314

（3）成本费用利润率。

与求资本保值增值率综合修正系数类似，相应地可得出：

综合修正系数＝0.283

（4）财务效益状况。

财务效益状况综合修正系数＝资本保值增值率综合修正系数＋销售（营业）利润率综合修正系数＋成本费用利润率综合修正系数

＝0.384＋0.314＋0.283＝0.981

基本指标得分＝初步评价计分表中财务效益状况基本指标得分＝39.23

修正后得分＝初步评价计分表中基本指标得分×该部分综合修正系数

＝39.23×0.981＝38.48

分析系数＝修正后得分÷该部分权数

＝38.48÷42＝0.92

（5）资产营运状况。

与求财务效益状况的修正后分数类似，相应地可得出：

存货周转率综合修正系数＝0.226

应收账款周转率综合修正系数＝0.202

不良资产比率综合修正系数＝0.367

资产损失比率综合修正系数＝0.244

资本营运状况综合修正系数＝存货周转率综合修正系数＋应收账款周转率综合修正系数＋不良资产比率综合修正系数＋资产损失比率综合修正系数

＝0.226＋0.202＋0.367＋0.244＝1.039

基本指标得分＝15.26

修正后得分＝15.86

分析系数＝0.88

（6）同理：

偿债能力状况修正后得分＝13.54

发展能力状况修正后得分＝16.49

（7）基本评价得分。

基本评价得分＝修正后评价总分＝∑四部分修正后得分

＝38.48＋15.86＋13.54＋16.49＝84.37

3. 定性评议

定性评价是指评价人员依靠其知识、经验和分析等对被评价对象的现状及未来发展做出的综合分析和判断。在企业效绩评价体系中，主要指评价人员（包括咨询专家）根据其自身的知识、经验和综合分析判断能力，在对评价对象进行深入调查、了解的基础上，对照评价参考标准，对指标体系提供的评议指标的内容进行分析判断，形成定性评价结论。参考附录 7:《企业效绩定性评价计分汇总表》，华航效绩评价的定性评价计分过程如下：

$$基本指标得分＝\frac{\sum（单项指标权数×每位评议人员选定的等级参数）}{N}$$

$$领导班子基本素质＝\frac{20×（0.8＋0.8＋0.8＋0.8＋0.8）}{5}＝16.0$$

同理：

产品市场占有能力＝15.8

基础管理比较水平＝12.0

在岗员工素质状况＝11.5

技术装备更新水平＝8.0

行业或区域影响能力＝3.8

企业经营发展策略＝3.6

长期发展能力预测＝7.6

评议得分＝评议指标总分＝∑单项评议指标得分

＝16＋15.8＋12.0＋11.5＋8.0＋3.8＋3.6＋7.6＝78.3

4. 综合评价

综合评价是指运用三层次效绩评价指标体系，通过定量和定性两种评价方法相结合，按照约定的权重，算出综合评价结果，形成综合评价结论。参考附录1：《企业效绩评价得分总表》，评价指标体系的总体得分为：

$$综合评价得分＝修正后评价总分×80％＋评议指标总分×20％$$
$$＝84.4×80％＋78.3×20％＝83.2$$

（三）评价结果分析

对华航的评价结果表明，该企业评价年度的经营效绩居同行业（或同行业同规模）企业的中上（良好）水平，依据企业的基本情况分析判断，目前企业处于正常阶段，发展前景良好。

1. 华航财务效益、资产营运、偿债能力和发展能力状况的概述评判

效绩评价的内容包括四个方面，即财务效益、资产营运、偿债能力和发展能力。财务效益状况主要反映企业的投资回报和盈利能力，华航财务效益状况接近行业最高水平；资产营运状况主要反映企业的资产周转及营运能力，华航的资产营运状况接近行业最高水平；偿债能力状况主要反映企业的资产负债比率和偿还债务能力，但华航的偿债能力状况与行业最高水平相比有较大差距；发展能力状况主要反映企业的成长性和长远发展能力，华航的发展能力状况超过行业最高水平（见表1）；行业最高水平是指以良好值以上所有企业数据为样本的算术平均值，参考附录8。

表 1   比较系数分析表①

评价内容	实际水平	行业最高水平	差异
财务效益状况	0.90	0.96	−0.06
资产营运状况	0.90	0.92	−0.02
偿债能力状况	0.60	0.97	−0.37
发展能力状况	0.90	0.83	0.07

2. 华航经营状况的评判

华航资产总额、销售收入、净资产近三年平均增长率超过 10％（见表 2），其中资产总额平均增长率比较显著，利润总额扭亏变盈，经营状况良好。

表 2   企业近三年主要指标变化情况表②　　　　（单位：万元）

	1996 年	1997 年	1998 年	平均增长率（％）
资产总额	118859	126466	309386	61
销售收入	96841	113116	118200	10
利润总额	−5329	2840	959	
净资产	27977	42817	34668	11

3. 企业效绩评价指标比较分析

参见附录 9，将华航八项基本指标的实际值与行业内（大、中、小）平均值、行业内同规模（大型）平均值、同规模（大型）企业全国平均值进行对比，可找出华航的优势和存在的差距，有利于评价结果的使用者更加准确地把握华航在行业中所处的实际水平和发展态势。例如，华航净资产收益率、总资产报酬率、总资产周转率、流动资产周转率、销售增长率、资本积累率都比上述三种平均值好，但资产负债率较高。可

---

① 说明：数据摘自附录 4、8。
② 说明：数据摘自《华西航空公司 1996—1998 年的企业年度会计汇总决算报表》。

以确定华航经营水平较高，在市场竞争中已取得较好成绩，但存在的问题不容忽略，这些问题是成本费用较高，在销售收入增长的同时，利润总额下滑较大；资产负债率较高，达 88.79%。因此，必须进一步加强管理，严格控制成本费用，增大盈利水平；同时应加快现代企业制度改革，通过资产重组和股票上市来改变企业严峻的财务结构问题。

（四）评价后的有关建议

开展华航效绩评价的目的有两方面。一方面是为了帮助华航出资者了解华航的实际经营状况、考核经营者业绩，因为通过华航效绩评价结果，可以得出对华航国有资本金的营运水平和保值增值状况客观、真实的评判。而通过这种评判，政府可以了解国有资本金的安全性和效益性。另一方面也是为华航提供必要的咨询服务，通过对华航财务效益状况、资本营运状况、偿债能力状况和发展能力状况四部分评价得分情况的深入对比分析，将具体的指标实际值（水平）对照评价标准，能使华航了解行业内其他企业的经营管理水平，看到与先进企业间的差距；更重要的是帮助华航发现经营管理中存在的问题，促使华航有针对性地发挥自身的长处，改善经营管理，提高自身经营效绩。

1. 加强财务控制、降低成本费用

华航作为一家规模不大的地方航空公司，在民航企业的激烈竞争中，随时面临着生存和发展的考验，其实质是安全与效益的考验。在航空公司不断追求安全与效益的过程中，华航的成本上升、利润下滑已成为制约自身发展的"瓶颈"。从表2可见，1998年与1997年相比，华航的销售收入增加 5084 万元，而利润总额下降 1881 万元；从表3可见，从1996年至1998年，华航销售收入的平均增长率为 10.48%，而销售成本的平均增长率达 20.38%，成本的上升速度超过了收入的增长速度，且占销售收入的比重逐年提高，从 75.72% 上升至 83.25%。其次，行业的价格管制不利于华航参与竞争和提高成本意识。作为政府管制的行业，价格管制是最主要的管制内容，它可以帮助政府稳定物价，防止航空公司谋求超额利润，保护消费者利益；但价格管制的弊端也是明显的，在缺乏必要管制机制的情况下可能会形成行业保护主义，造成诸如不许本行业服务价格正当打折的情况出现。它不利于航空公司参与竞争和提高成本意识，使用不当甚至会使它作为政府财政收入的功能过于放大。

表 3　企业近三年成本费用表①　　　　（单位：万元）

	1996 年	1997 年	1998 年	平均增长率（%）
销售收入	96841	113116	118200	10.48
销售费用	6864	9017	8264	9.73
销售成本、比重（%）	65436	75025	94830	20.38
	75.72	77.73	83.25	
管理费用	5623	5050	4687	−8.70
财务费用	8494	7432	6130	−15.05

华航应建立内控管理制度，严格控制成本，节约开支；消除成本管理、费用控制中的薄弱环节，尽快建立责任会计体系，划分责任中心；重视资本投放的使用和存量调整等控制职能，应使华航的资本周转循环顺畅，强化投资决策，减少决策失误，减少资本的闲置和低效使用状况；强化应收账款管理，增收节支，多留利润；加强财务控制，大力降低销售费用和成本，提高赢利能力；提高对环境的适应能力，增强其应变能力和抗风险能力，预测未来财务环境的变化，并制定相应的财务对策。尤其是资产负债率高，融资租赁渠道受汇率影响会加大财务风险等，应

———————

① 说明：数据摘自《华西航空公司 1996—1998 年企业年度会计汇总决算报表》。

引起华航足够重视。

　　航材部门永恒的主题就是"低成本，高保障"，它承受了来自财务部门和飞机维护部门的双重压力，就是要用尽可能少量的资金来实现更高的航材保障率。因此，应重视航材人员的培训，加强业务学习；借鉴物料资源计划（MRP）和制造资源规划（MRPⅡ）中的先进思想，对不同类别的航材制定不同的保障策略，对高价周转件和消耗件确定不同的航材保障策略，从整体上降低成本；加强国内外航空公司之间的互助合作；突出航材部门的监督职能。

　　2. 搞好资产重组、改善经营状况

　　华航呈报并已被批准的改制可行性方案中，第一步将华西航空实业公司通过吸收合并方式合为一家，再统一进行资产重组。重组后将航空主业率先进行股份制改造并争取上市，其他业务将分别组建为全资子公司、不同资本结构的控股公司和参股公司，从企业体制与产权制度上进一步理顺经营关系，这项工作近期将全面展开。

　　华航应加大企业改革力度，建立现代企业制度，完善法人治理结构；在资产重组的基础上，力争航空主业上市，以解决企业发展的资金来源问题；将由资产重组而吸纳进集团的资产迅速转变成生产能力、盈利能力；大力拓展业务，扩大航空客运和货运两大产业市场；大力开展培养培训工作，使员工素质、结构达到一个新的水平。

　　在建立现代企业制度的创新中，从华航母公司角度看，设立集团公司时，保持子公司的独立十分关键。华航以独立公司的群体组织形式存在，而不以单个组织形式进行经营，其好处一是减少财务风险，若某一子公司赚不到钱或低效率，那么无力偿付的损失将由该子公司的所有者和债权人来承担；二是用更少的投资实现企业扩大和生产经营的多样化，通过企业合并，母公司不但可减少风险和困难，而且节省投资，较早利用生产能力；三是母公司可通过取得对华航集团的控制，实现取得无形资产的目的；四是以最低的成本出售不愿经营的子公司；五是更有效地满足税法要求。

3. 加强管理基础、提高管理水平

在华航的效绩评价中，参考附录 7《企业效绩定性评价计分汇总表》，评议得分为 78.3 分，其中"基础管理比较水平"一项得分不高。五位专家在对华航进行深入调查、了解的基础上，对照评价参考标准，形成的定性评价得分均为"C"，说明华航管理水平不高，管理基础比较薄弱，还有很大发展空间。通过提高管理水平，可进一步提高企业效益。

从理论和实践上看，企业体制与产权制度的改进只是企业发展的条件，企业管理的改进与创新才是企业改革与发展的核心问题。从理论上看，企业的管理活动是企业的基本活动，企业的管理制度是企业最基本的制度。企业的活动无非经营与管理两个方面，前者涉及企业发展的长远战略与宏观战略，涉及与外在环境的调适，它是因时、因地、因经济体制、因具体企业而不同的；后者则涉及企业内部的运作，与前者不同，无论何时、何地、何种经济体制与何种企业的管理，都有不以外在环境变化为转移的共同规律，因为管理活动的对象都是人、财、物。管理活动是企业一切活动的基础。从实践上看，国内外一切成功的企业，无论其社会经济性质如何，所运行的经济体制环境如何，所采取的企业制度形式如何，其共同点都是因为它们在内部管理上成功地进行了改进和创新。目前还找不到单纯靠所谓产权制度创新或企业制度创新而不在内部管理上下功夫就获得成功的例子。因此，华航首先应丢掉"制度迷信"和依靠政府宏观政策的幻想，确立面向市场狠抓管理的指导思想；其次，公司内部要构建改进管理的激励、监督与约束机制；第三，公司要以质量效益为中心，以提高公司市场竞争力为主要目标，狠抓干部、人事、分配等内部管理体制的改革，推进华航的管理改进与创新。

综上所述，管理欠账、管理改进与创新的滞后已经成为制约华航发展的"瓶颈"，管理的改进与创新是华航发展的基础和永恒主题。搞好华航固然需要宏观上的体制创新和良好的外部环境，但是这些都不能代替华航的企业管理，只有老老实实地研究和推进华航内部的企业管理，建立严格、科学的内部管理制度，才是最现实的选择。

四、企业效绩评价应用中的问题与对策

我国目前正处于经济体制改革时期，企业的外部环境和内部因素都处于不断变化之中，必然会影响到企业的具体经营管理模式和方法，企业效绩评价作为其中一部分也不例外，这就要求我们在应用时必须适应这些变化，在有必要时对其做出调整。企业效绩评价本身也存在一定的局限性，如比率分析的局限性，现行的效绩评价体系的局限性，等等。这些都在效绩评价的个案应用研究中有所反映，应注意做好效绩评价与其他财务分析方法、工具的兼容工作，促进我国企业效绩评价理论的发展。我们还应认真研究国外企业在效绩评价指标体系方面的创新与实践，以满足我国企业管理发展对企业效绩评价工作提出的进一步要求。

（一）应用企业效绩评价体系时应注意的问题

1. 比率分析的局限性

企业效绩评价主要采用的是比率分析法，即将同一时期财务报表中相关项目的数据进行对比，求出它们之间的比率，以说明财务报表中各项目之间的相互关系，并由此揭示企业的财务状况和经营成果。虽然比率分析法在财务评价中应用很广，但其本身也存在一定局限性。了解这

些局限性，注意它们对分析结果的影响，有助于提高效绩评价工作质量。比率分析的局限性可以归纳为以下几个方面①：

（1）通货膨胀问题。企业财务报表是以币值稳定假设和历史成本原则为基础编制的，在通货膨胀时期，这些假设和原则必然受到冲击，使报表不能真实地反映企业的财务状况和经营成果。这主要表现在两个方面：一是按历史成本计算的资产账面价值低于实际价值；二是由于资产账面价值较低，导致资产转移价值过低，从而使费用估价偏低，虚增账面价值，造成经营成果不实。财务报表的失真，必然使据此计算的财务比率的真实性受到影响，难以对企业财务状况和经营成果做出正确判断。

（2）会计核算方法变更问题。会计核算方法不同，计算出来的数据便会有所不同。例如：固定资产折旧，采用直线法和双倍余额递减法，所计算的各种折旧额有很大差别；存货计价，采用后进先出法和先进先出法所确定的本期销货成本和期末存货成本也有很大差别。因此，如果企业改变会计核算方法，便会影响财务报表的可比性，从而影响财务比率的可比性。

（3）企业内外部经营环境变化问题。财务报表是企业生产经营活动过程和结果的综合反映，当企业内部或外部经营环境发生变化时，如国家调整产业政策、市场条件发生变化、企业扩大生产规模等，都会影响企业的财务状况和经营成果，使财务报表失去可比性。

（4）财务报表数据可靠性问题。有些企业的经营者为了使财务报表显示出企业财务状况和经营成果良好，可能会采取某些手段粉饰财务报表，提供虚假数据，从而使效绩评价误入歧途。

---

① 全国 MBA 会计教学协作组：《工商管理硕士（MBA）主干课程教材——会计学》，经济管理出版社，1996 年，第 117-118 页。

因此，进行效绩评价时，必须充分考虑上述问题是否存在，并说明这些问题对评价结果的影响。同时还应注意深入实际调查研究，了解企业生产经营活动的实际情况，与比率计算结果联系起来进行分析判断，才能对企业的财务状况和经营成果做出正确评价。

2. 现行效绩评价体系的局限性

传统的效绩评价指标主要是会计、财务指标，注重的是对过程结果的反映，带有静止、单一和被动反映的特点，不能全面地、动态地反映过程中的问题，不能主动地进行分析和管理，也不能与企业的战略目标及战略管理手段实现有机的融合。这些固有的问题在工业社会向信息社会转变的过程中，已经变得越来越突出了。信息社会使信息的传递更加迅速，信息加工和分析的技术更加完善，因而，市场竞争程度迅速提高，产品和服务更新换代的周期更加缩短，企业感受到了越来越大的竞争压力，危机感迫使它们重新审视战略目标、战略管理手段和效绩评价指标。企业希望能创造出这样一种管理手段，使它们能够像一个肌肉强健、反应灵敏、充满活力的运动员一样，随时根据市场的变化调整自己，及时地、持续地为市场提供令人满意的优质服务和产品。竞争也使企业在关注内部的同时，更加关注外部，效绩评价指标也必须顺应这种变化。

单纯用财务数据作为评价企业的主要指标是不够的。第一，经理们对使用以净资产收益率为基础的财务指标评价经营效绩感到焦虑。他们认为，这些指标固然能较好地总结过去决策的执行结果，但不能很好地预测企业未来。过去几十年的大量事实已证明了这一点。在 20 世纪 80 年代，许多经理目睹自己的企业本来有不错的财务指标，但由于不注意产品质量，客户满意程度逐渐恶化；不注意来自全球的竞争者不断蚕食自己的市场份额，结果衰败了。一些没有衰败的企业，也深深感到了采取措施的必要。第二，近几年来，学术界和实业界都意识到，以权责发生制为基础的效绩评价指标的局限性。产品、市场、经营的多样化和差异，使得在小型、组织简单的企业应用效绩评价指标愈发困难了。更危险的是，这种会计体系形成的数据，无法支持对开发新技术和扩大市场的投资，而后两者却是在全球市场竞争中取得成功的基础。第三，许多上市企业企图建立新指标体系的努力收效甚微，因为所有被认为能影响企业股票价格的效绩评价指标，都是财务指标，包括每股盈利、净资产收益率、销售收益率、投资回报率、利润增长率。因此，只有证券管理委员会之类的政府机构出面，才可以解决这个棘手问题。比如，建议甚至要求上市企业在报告中公布非财务信息。但是，唯有竞争压力才是推进变革的更直接、更有力的因素。一旦居于主导地位的大企业能够在较长的时间内展示其质量、创新以及其他非财务指标方面的超人绩效，众多竞争对手的模仿和改进，必会加快现有效绩评价指标变革的进程。第四，评价财务效绩的方法是最复杂的也是挖掘得最深入的，而与此相反，人们在改进评价市场、质量、创新、人力资源、客户满意度等指标方面所做的努力不够，反映这些指标的数据太少；较常见的往往是由职能部门提供的不定期的数据，经理们很难在定期报告中发现这些数据。

（二）企业效绩评价应用中的对策

1. 注意将企业效绩评价的应用与发展结合起来

企业效绩评价体系作为一个系统，其本身具有开放性的特点，在实践中它会不断充实和发展，以满足我国企业管理发展对企业效绩评价工作提出的进一步要求。因此，从客观上讲，作为企业效绩评价的指标体系就必须体现现代企业管理的新观念。

（1）人本化理财观念。重视人的发展与管理观，是现代管理发展的基本趋势，也是知识经济的客观要求。企业的每一项经营活动的成效如何，主要取决于人的知识和智慧以及人的努力程度。企业经营管理只有树立以人为本的思想，建立责权利相结合的财务运行机制，强化对人的激励和约束。据此，在设计企业效绩评价指标体系时必须充分体现人本化理财的观念，评价指标既要反映企业的整体经营状况，也要与各层级经营管理者的权责利相结合，即反映所有者层次的财务指标，评价经营者业绩层次的财务指标，反映企业财务状况的各方面指标。这是顺利而有效地开展经营活动，实现经营管理目标的根本保证。

（2）风险理财观念。在现代市场经济中，市场机制的作用，使任何一个市场主体的利益客观上存在着蒙受经济损失的机会与可能，即不可避免地要承担一定的风险。而这种风险，在知识经济时代，将会更加增大。一般情况下，企业的经营风险直接表现为企业偿付债务的能力，而资产特别是流动资产是偿付债务的主要来源。因此，在设计企业效绩评价的基础指标时，一定要充分考虑短期经营风险指标在企业管理中的重要性，防止经营者为了片面追求利润而不顾风险的做法和为了眼前利益而不惜牺牲长远利益的做法。

（3）货币时间价值观念。所谓货币的时间价值就是指资金经历一定时间的投资和再投资所增加的价值。毫无疑问，作为对企业的资金进行管理的企业财务管理活动，必须十分重视资金时间价值，树立正确的货币时间价值观念。为此，在设计反映资金成本的评价指标时，必须运用货币时间价值的观念来反映和研究各种闲置资产的机会成本、资金成本和投资收益率的组成和高低，用市场价值，即企业利用其资产创造未来收益的现值，来衡量企业。"修正的经济增加值"指标就是以资产的市场价值为基础对企业经营业绩的衡量，详见参考资料13。

（4）现金流量。引起东南亚金融危机的根源之一就是东南亚国家企业的负债比率过高，资产流动性和偿债能力太差，造成银行的不良资产过多。所以，近年来企业管理当局和财务人员对现金流量都给予了越来越多的关注。究其原因主要有两个：首先是通货膨胀使净收益在反映企业赢利能力方面的作用受到了较大的限制，仅靠按权责发生制编制的收益表已不能全面地考核企业的经营成果，现金流量成为衡量企业经营业绩和财务状况的一个重要指标；其次是企业借入资本的比例大幅度上升，使资本结构发生了较大的变化，资产的流动性和财务弹性越来越受到财务报表使用者的关注。为此，应加强对企业现金流量的专门分析，在效绩评价指标的数量和权重上，充分考虑反映现金流量的评价指标的重要性，进而在内部管理上加强现金流量的控制，在对外报告上使财务报告使用者更了解企业现金流量的现状并做出更合理的预测。

2. 企业效绩评价与其他分析工具的兼容

由于企业效绩评价体系是针对国有企业的评价而设计的，虽非国有企业也可套用，但评价体系中一些纯为国有企业设置的指标就不适用非国有企业，这就使评价体系的适用范围受到限制；虽通过评价可以确定企业在同行业、同区域、同规模企业中的水平和地位，使企业看到自己与先进企业的差距，但是对产生这一差距原因的进一步分析，评价体系却不能提供；等等。因此，将企业效绩评价体系与其他分析方法、工具结合起来分析，可弥补其不足，有利于更深入地评价企业的财务状况，推动企业提高经营管理水平。

（1）奥特曼函数预测模式。

财务指标的奥特曼函数预测模式是利用企业若干财务指标，通过统计分析方法，建立判别函数，据此对企业未来发展趋势做出预测和判断。这种模式尤其适合于企业财务状况恶化的预测，属于财务管理的预警分析。由于企业效绩评价缺乏预警分析，有必要因事而异、因地制宜将其与之结合起来分析，有利于防范风险。

奥特曼以 66 家企业（33 家申请破产的公司和相对应的 33 家非破产企业）为样本，用其财务指标拟合出一个多元线性函数方程，求出 Z 值，对其经营状况进行预测或判断。

Z 值判断模式为：

$$Z=0.012X_1+0.014X_2+0.033X_3+0.006X_4+0.999X_5$$

式中 X_1——营运资金÷资产总额

X_2——累计留存盈利÷资产总额

X_3——息税前利润÷资产总额

X_4——股票市价÷负债账面价值

X_5——销售收入÷资产总额

若 Z>2.99，短期财务状况恶化的概率低；Z<1.81，短期财务状况恶化的概率高；若 Z 值介于 1.81—2.99，属于未知区域，较难估计短期财务状况恶化的可能性，应结合其他方法具体分析。

根据国外实证分析研究，奥特曼函数预测模式预测未来一年内企业财务状况恶化的准确性约为 90%，两年内的准确性约为 80%。根据国内实证分析研究，以 ST 公司作为财务状况恶化的对象、非 ST 公司作为正常经营对象，则 Z 值判断模式在一年内预测企业财务状况恶化的准确性为 92.6%，两年内预测的准确性为 85.2%，三年内预测的准确性为 79.6%，详见参考资料 14。由于华航尚未上市，按市盈率为 40 估计股票市价，其 Z 值如下：

X_1	X_2	X_3	X_4	X_5	Z
0.1469	−0.023	0.023	0.139	0.385	0.38

由此可见：华航短期财务状况恶化的概率比较高，结合华航资产负债率高、融资租赁渠道受汇率影响会加大财务风险等分析，华航应引起足够重视。

（2）杜邦财务指标分析系统。

杜邦财务指标分析系统是利用各种主要财务比率之间的相互关系，来综合评价企业的财务能力。这种方法是由美国杜邦公司最早采用的，所以又称为杜邦分析法；它体现了一种先进的思维方式。企业效绩评价在一定程度上参照杜邦分析法，在必要的情况下，有利于更深入地开展专题分析和专项分析。

杜邦财务指标分析系统有几组重要的财务比率关系。

净资产利润率＝净利润÷所有者权益

　　　　　　＝［净利润÷资产总额］×［资产总额÷所有者权益］

　　　　　　＝资产收益率×权益乘数

其中：净资产＝资产总额－负债总额

　　　　　　＝所有者权益

权益乘数＝1/所有者权益比率

资产收益率＝净利润÷资产总额

　　　　　　＝［净利润÷销售收入］×［销售收入÷资产总额］

　　　　　　＝销售利润率×资产周转率

根据上述财务比率关系，利用资产负债表和损益表，可以从综合的角度全面揭示华航的财务状况和经营成果，如图 1 所示。

利用杜邦分析图，可以进行以下几方面的综合分析：

A. 净资产收益率的分析。净资产收益率是杜邦分析体系的核心，是反映企业为其所有者创造利润能力大小的重要指标，是企业投资、筹资等各种经营活动效率的综合体现。由杜邦分析图可知，净资产收益率是资产收益率与权益乘数的乘积，提高资产收益率和权益乘数可提高净资产收益率。但是，资产收益率的提高反映了企业对资产更加有效的利用；而权益乘数的提高反映了企业负债筹资的效果，它是以增加财务风险为代价的，有时会起反作用。

净资产收益率
2.93%

资产收益率　　　×　　　权益乘数–1/(1为负债比率)
0.31%　　　　　　　　　　　9.45

销售利润率　×　资产周转率　资产总额　÷　所有者权益
0.81%　　　　　　0.38　　　309386　　　　34668

净利润　÷　销售收入　销售收入　÷　资产总额
959　　　118200　　118200　　　309386

销售收入　－　全部成本　长期资产　＋　流动资产
118200　　　117241　　191476　　　117910

销售成本+期间费用+利息费用+税金支出　存货+应收账款+现金有价证券+其他流动资产
94830　　1295　6130　　　4038　　16490　13915　　　23526　　　　63979

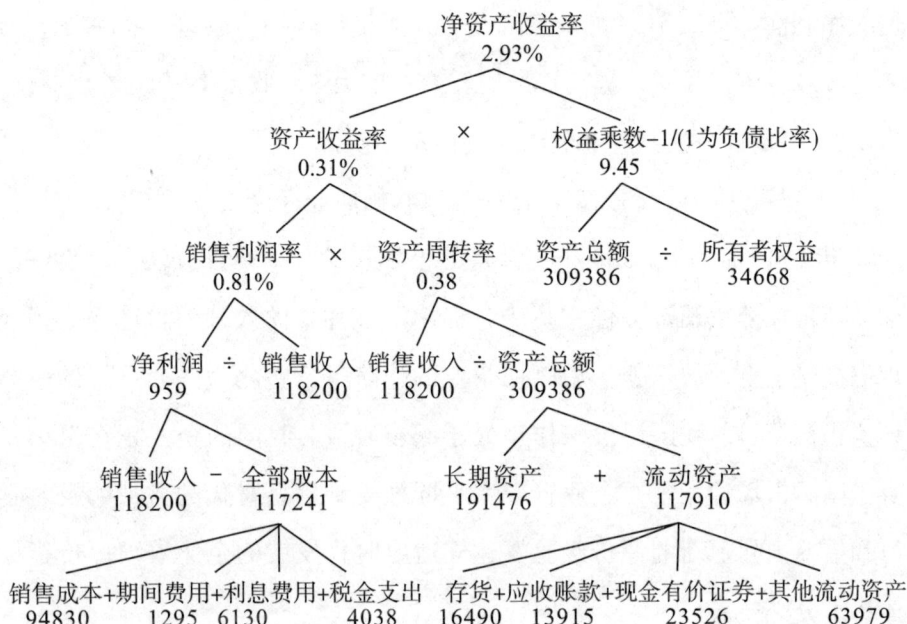

图1　华航的杜邦分析图

B. 资产收益率的分析。资产收益率是销售利润率与资产周转率的乘积。因此，提高资产收益率可从提高销售利润率和资产周转率两方面入手。提高销售利润率，一要提高销售收入，二要降低成本费用；提高资产周转率，同样一要提高收入和降低成本，二要加强资产管理，提高各项资产的周转速度，减少资金占用。

C. 成本费用和资产结构分析。利用杜邦分析图，可以逐项分析企业各项成本和费用的构成，看其是否合理。同时，还可以分析流动资产与非流动资产的结构，以及各项资产的内部结构。

通过华航的杜邦分析图可以看出：华航的获利能力（净资产收益率）涉及其经营活动、投资活动和理财活动，具体表现在与销售、成本费用控制、多渠道开辟财源、筹资结构、资产分布使用等密切相关，这个系统中的每一个因素都要协调好，才能增大华航的获利能力，某一方面失调，就会影响华航目标的实现。因此，一方面是加强对成本费用的控制，增大净利润，提高销售利润率；另一方面是加强销售管理，扩大销售收入，或减少资产投资，提高资产周转率，增大资产收益率。

3. 平衡计分法是企业效绩评价体系的创新

罗伯特·卡普兰和大卫·诺顿在《哈佛商业评论》1992年1/2月号、1993年9/10月号和1996年1/2月号上发表的《平衡计分法——良好效绩的评价》等三篇开拓性文章中，提出了一种新的效绩评价体系，为经理们提供了全面的框架，用以把企业的战略目标转化为一套系统的效绩评价指标。目前我国评价工作正处于起步阶段，我国的企业正在努力跻身于国际市场的竞争，企业管理水平同样受到信息时代的挑战，及时学习和借鉴国际上新的评价经验，建立适应时代发展的企业效绩评价指标体系十分必要。

平衡计分法包含着财务评价指标，它们说明了已采取的行动所产生的结果。同时，平衡计分法通过对顾客满意度、内部程序及组织的创新和提高活动进行评价的业务指标，来补充财务评价指标。业务指标是未来财务绩效的驱动器，平衡计分法使经理们能从四个重要方面来观察企业，它为四个基本问题提供了答案：顾客如何看我们（顾客角度）？我们必须擅长什么（内部角度）？我们能否继续提高并创造价值（创新和学习角度）？我们怎样满足顾客（财务角度）？

平衡计分法不是一块适用于所有企业或整个行业的模板。不同的市场地位、产品战略和竞争环境，要求有不同的、各有特点的计分法，以便与不同使命、战略、技术和文化的企业相符合。例如，华西航空公司可以将公司的远景和战略转化成平衡计分法的四套效绩评价指标，如图2所示。它有助于管理层以发展的眼光看待经营活动，也有助于管理层激励员工和把顾客的反馈结合到经营中。它使公司成员达成一种共识：与关键的客户建立伙伴关系是十分必要的，大幅度减少安全事故是非常重要的，在跨年度项目的每一阶段都需要加强管理。管理层应把平衡计分法看作是帮助公司最终实现其成为本行业排头兵目标的无价之宝库。

这种评价效绩的新方法，是与许多企业正在率先推行的新举措一致的，即多种职能的一体化、顾客与供货商之间的伙伴关系、全球化规模、团队责任不是个人责任。平衡计分法把财务、顾客、内部业务和创新及组织学习结合在一起，使经理们至少能从中悟出多种相互关系。这种领悟，能帮助经理们超越对职能障碍的传统观念，在决策和解决问题时有更好的表现。平衡计分法使企业能一直向前看、向前走，而不是倒退。平衡计分法不只是单纯地进行衡量，它还是一种在产品、程序、顾客和市场开发等关键领域有助于企业取得突破性进展的管理体系。

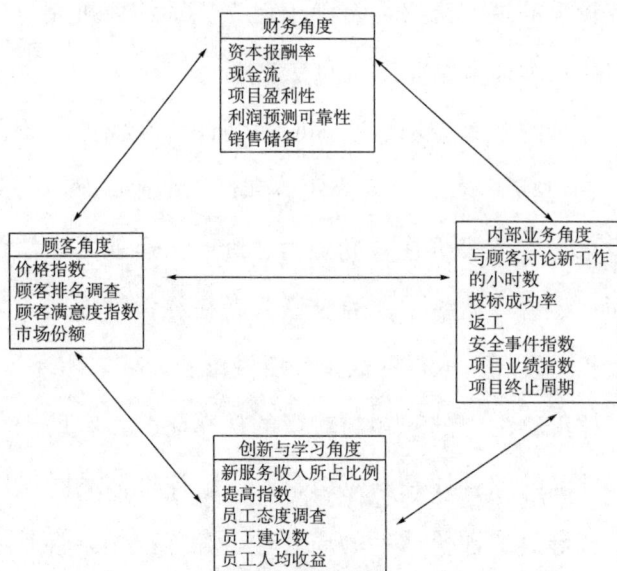

图2　华航的平衡计分法①

---

① 彼得·F. 德鲁克：《公司绩效测评》（《哈佛商业评论》精粹译丛·第一辑），中国人民大学出版社，1999年，第143页。

五、结论

企业效绩评价的应用研究是当前我国企业改革和现代企业制度完善的重大课题。企业效绩评价遵循系统思想方法，定量与定性分析相结合，实现综合评判；评价企业效绩是转变企业管理方式，改革企业考核制度的重要举措；有选择地借鉴国内过去的企业评价方法，及时学习国际上新的评价经验，有利于我国企业效绩评价体系逐步与国际接轨。

企业效绩评价的应用研究所涉及的理论问题有待进一步深化。它涉及现代企业的委托代理理论，财务评价理论和现代企业管理中的系统控制理论，具有较强的现实意义，有助于建立激励约束机制，反映企业经营活动的基本质量和提高企业组织的有效性。

企业效绩评价的个案应用研究表明效绩评价在我国应用既是必要的也是可能的。它包括了对企业经营效益和经营者业绩两个方面的评判，企业经营效益水平主要表现在盈利能力、资产营运能力、偿债能力和发债能力等方面；经营者业绩主要通过经营者在经营管理企业的过程中对企业经营、成长、发展所取得的成果和所做出的贡献来体现。

企业效绩评价应用中的问题与对策的认真研究，有助于对企业做出客观、公正和准确的综合评判。应用企业效绩评价体系时应注意比率分析的局限性、现行效绩评价体系的局限性，等等。注意将其应用与发展结合起来，将其与其他财务分析方法、工具结合起来，及时学习和借鉴国外在效绩评价指标体系方面的创新与实践，以满足我国企业管理发展对企业效绩评价工作提出的进一步要求。

附　录

附录 1　企业效绩评价得分总表

企业名称:华西航空公司　　标准值种类:全行业　　评价行业:航空运输业　　评价年度:　　　　　　企评表 01

评价内容	基本指标			修正指标			评议指标(±)	评议分数	综合分数
	指标	权数	基本分数	指标	修正(±)系数	修正后分数			
一、财务效益状况	净资产收益率	30	29.1	资本保值增值率	0.384		1. 领导班子基本素质	16.0	
	总资产报酬率	12	10.1	销售(营业)利润率	0.314				
				成本费用利润率	0.283				
小计	×		39.2	×	0.981	38.5	2. 产品市场占有能力(服务满意度)	15.8	
二、资产营运状况	总资产周转率	9	9	存货周转率	0.226				
				应收账款周转比率	0.202		3. 基础管理水平比较	12.0	
	流动资产周转率	99.0	6.3	不良资产损失比率	0.367				
				资产损失比率	0.244				
小计	×		15.3	×	1.039	15.9	4. 在岗员工素质状况	11.5	
三、偿债能力状况	资产负债率	12	5.5	流动比率	0.254				
				速动比率	0.173		5. 技术装备更新水平(服务硬环境)	8.0	
	已获利息倍数	10	8.7	现金流动负债比率	0.127				
				长期资产适合率	0.250				
				经营亏损挂账比率	0.150		6. 行业或区域影响力	3.8	
小计	×		14.2	×	0.954	13.5			
四、发展能力状况	销售(营业)增长率	9	8.5	总资产增长率	0.428		7. 企业经营发展策略	3.6	
				固定资产成新率	0.282				
	资本积累率	9	7.1	三年利润平均增长率	0.183		8. 长期发展能力预测	7.6	
				三年资本平均增长率	0.166				

续表

评价内容	基本指标			修正指标			评议指标（±）	评议分数	综合分数
	指 标	权数	基本分数	指 标	修正系数（±）	修正后分数			
小计	×		15.6	×	1.059	16.5			
总计	×		84.3	×		84.4		78.3	82.3

附录 2　企业效绩评价基础指标表

企业名称：华西航空公司

评价年度：　　1998 年　　　　　单　位：　　万元　　　　企评表 02

项目	行次	金额
年初流动资产	1	65 716
年末流动资产	2	117 910
年末应收账款	3	13 915
年初应收账款	4	9 042
年初存货	5	13 717
年末存货	6	16 490
年末长期投资	7	1 048
年初固定资产原价	8	59 970
年末固定资产原价	9	183 455
年初累计折旧	10	21 323
年末累计折旧	11	26 555
年末土地资产	12	0
年初资产总计	13	126 466
年末资产总计	14	309 386
年末流动负债	15	72 452
年末负债合计	16	274 718

项目	行次	金额
净利润	33	959
年初国有资产总量	34	32 891
年初其他国有资金	35	2 074
本年增加数	36	5641
本年增加数国有实收资本中资本公积转入	37	0
本年增加数国有实收资本中盈余公积转入	38	0
本年增加数国有实收资本中其他	39	0
本年增加数国有资本公积中资本（股票）溢价	40	0
本年增加数国有资本公积中住房公积金转入	41	0
本年增加数国有资本公积中其他	42	0
本年增加数国有盈余公积	43	0
本年增加数国有未分配利润	44	959
本年增加数其他国有资金	45	1 792
本年减少数	46	0
本年减少数国有实收资本中其他	47	0
本年减少数国有资本公积中转增资本	48	0

续表

项目	行次	金额	项目	行次	金额
年末长期负债	17	202 266	本年减少国有资本公积中其他	49	0
年末少数股东权益	18	0	本年减少国有盈余公积中转增资本	50	0
年末所有者权益合计	19	34 668	本年减少国有盈余公积中弥补亏损	51	0
待处理资产净损失额	20	0	本年减少国有未分配利润	52	0
不良资产合计	21	0	本年减少国有其他国有资金	53	0
经营亏损挂账	22	0	年末国有资产总量	54	38 532
年末国有资产总量	23	118 200	年末其他国有资金	55	3 865
销售折扣与折让	24	0	经营活动产生的现金流量净额	56	−4 290
销售收入	25	94 830	上年销售收入	57	113 116
销售成本	26	8 264	上年利润总额	58	2 840
销售费用	27	4 038	上年所有者权益合计	59	30 817
销售税金及附加	28	11 068	三年前利润总额	60	−5 209
销售利润	29	4 687	三年前年末所有者权益合计	61	32 938
管理费用	30	6 130	年初所有者权益合计	62	30 817
财务费用	31	6 130	年末固定资产	63	179 066
利息净支出	32	959	利润总额	64	0

附录3 航空运输业标准值

范围：全行业

指 标	优秀值	良好值	平均值	较低值	较差值
一、财务效益状况					
净资产收益率（％）	3.8	−2.1	−9.2	−18.6	−29.9
总资产报酬率（％）	6.0	2.5	−0.2	−3.8	−5.7
资本保值增值率（％）	113.9	102.1	95.1	86.6	72.4
销售（营业）利润率（％）	18.9	12.6	6.9	0.8	−11.1
成本费用利润率（％）	8.1	2.1	−9.1	−10.0	−13.9
二、资产营运状况					
总资产周转率（次）	0.5	0.4	0.3	0.2	0.1
流动资产周转率（次）	2.1	1.5	1.1	0.9	0.4
存货周转率（次）	7.1	6.1	4.3	3.3	1.8
应收账款周转率（次）	14.9	13.6	9.9	5.7	0.7
不良资产比率（％）	0.0	0.1	0.3	0.9	2.5
资产损失比率（％）	0.0	0.1	0.4	0.6	1.1
三、偿债能力状况					
资产负债率（％）	49.7	68.4	76.8	94.1	97.0
已获利息倍数	1.7	0.9	−1.3	−2.0	−2.5
流动比率（％）	287.9	204.2	144.9	77.1	33.8
速动比率（％）	208.2	167.4	113.2	57.3	25.8
现金流动负债比率（％）	102.9	81.0	26.4	4.3	−1.6
长期资产适合率（％）	127.6	123.0	114.5	97.8	78.9

续表

指　标	优秀值	良好值	平均值	较低值	较差值
经营亏损挂账比率（%）	0.0	0.1	4.0	51.2	109.2
四、发展能力状况					
销售（营业）增长率（%）	7.5	−3.5	−14.1	−30.8	−46.1
资本积累率（%）	25.0	13.6	−0.5	−11.8	−21.3
总资产增长率（%）	31.4	24.0	12.3	−0.5	−9.8
固定资产成新率（%）	86.2	79.2	69.1	65.7	62.4
三年利润平均增长率（%）	26.1	15.5	−9.9	−21.2	−33.2
三年资本平均增长率（%）	20.5	2.6	−14.2	−27.3	−41.8

附录4　企业效绩评价计分表

企业名称：华西航空公司　（评价年度：1998 年）

企业特征	评价结果：PR B+—良	分析系数
行　　业：航空客货运输业	综合得分：　　83.2	财务效益状况：0.9
规　　模：特大型	初步评价得分：84.3	资产营运状况：0.9
隶　　属：四川省	基本评价得分：84.4	偿债能力状况：0.6
企业类型：独资公司	评议得分：　　78.3	发展能力状况：0.9

评价机构：

评价时间：　　　　　年　月　日—　　　　年　月　日

附录 5　企业效绩初步评价计分表

企业名称：　华西航空公司

企评表 03

项　目	指标实际值	本档标准值	上档标准值	本档标准系数	上档标准系数	权数	基本指标得分		
							基础分	调整分	小计
一、财务效益状况									39.23
净资产收益率	2.93	−2.1	3.8	0.8	1.0	30	24.0	5.12	29.12
总资产报酬率	3.25	2.5	6.0	0.8	1.0	12	9.6	0.51	10.11
二、资产营运状况									15.26
总资产周转率	0.54	0.5		1.0		9	9.0		9.00
流动资产周转率	1.29	1.1	1.5	0.6	0.8	9	5.4	0.86	6.26
三、偿债能力状况									14.19
资产负债率	88.79	94.1	76.8	0.4	0.6	12	4.8	0.74	5.54
已获利息倍数	1.16	0.9	1.7	0.8	1.0	10	8.0	0.65	8.65
四、发展能力状况									15.57
销售（营业）增长率	4.49	−3.5	7.5	0.8	1.0	9	7.2	1.31	8.51
资本积累率	12.50	−0.5	13.6	0.6	0.8	9	5.4	1.66	7.06
合　计									84.25

评价人员　　　　　　　　　　　　　评　价　日　期：

附录6 企业效绩基本评价计分表

企评表04

企业名称:华西航空公司

项目	指标实际值	本档标准值	上档标准值	基本修正系数	调整修正系数	单项指标修正权数	单项修正系数	综合修正系数	基本指标分数	修正后分数
一、财务效益状况									39.23	38.48
资本保值增值率	103.11	102.1	113.9	1.0	0.009	16	1.009	0.981		
销售(营业)利润率	9.36	6.9	12.6	0.9	0.043	14	0.943	0.384		
成本费用利润率	0.84	-9.1	2.1	0.9	0.089	12	0.989	0.314		
二、资产营运状况								1.039	15.26	15.86
存货周转率	6.28	6.1	7.1	1.0	0.018	4	1.018	0.226		
应收账款周转率	10.30	9.9	13.6	0.9	0.011	4	0.911	0.202		
不良资产比率				1.1		6	1.100	0.367		
资产损失比率				1.1		4	1.100	0.244		
三、偿债能力状况								0.954	14.19	13.54
流动比率	162.74	144.9	204.2	0.9	0.030	6	0.930	0.254		
速动比率	139.98	113.2	167.4	0.9	0.049	4	0.949	0.173		
现金流动负债比率	-5.92		-1.6	0.7		4	0.700	0.127		
长期资产适合率	131.55	127.6		1.1		5	1.100	0.250		
经营亏损挂账比率				1.1		3	1.100	0.150		

续表

项目	指标实际值	本档标准值	上档标准值	基本修正系数	调整修正系数	单项指标修正权数	单项修正系数	综合修正系数	基本指标分数	修正后分数
四、发展能力状况								1.059	15.57	16.49
总资产增长率	144.64	31.4		1.1		7	1.100	0.428		
固定资产成新率	80.33	79.2	86.2	1.0	0.016	5	1.016	0.282		
三年利润平均增长率	43.12					3	1.100	0.183		
三年资本平均增长率	1.72	−14.2	2.6	0.9	0.095	3	0.995	0.166		
合 计								4.033		84.37

复核人员

评价日期:

附录 7 企业效绩定性评价计分汇总表

企业名称：华西航空公司

企评表 05

名称	领导班子基本素质	产品市场占有能力（服务满意度）	基础管理比较水平	在岗员工素质状况	技术装备更新水平（服务硬环境）	行业或区域影响能力	企业经营发展策略	长期发展能力预测	分数合计
专家 1	B	B	C	A	B	C	B	B	77.4
专家 2	B	A	C	A	B	B	B	B	82.0
专家 3	B	B	C	A	B	B	C	C	75.4
专家 4	B	A	C	A	B	B	B	B	82.0
专家 5	B	B	C	B	B	B	C	B	75.0
单项指标分数	16.0	15.8	12.0	11.5	8.0	3.8	3.6	7.6	78.3

复核人员：

评价日期：

附录 8　航空运输业比较系数

项　目	优秀	良好	平均	较低	较差
一、财务效益状况					
全　部	0.96	0.87	0.65	0.43	0.27
大　型	0.96	0.82	0.59	0.32	0.15
中　型	0.86	0.84	0.68	0.52	0.41
小　型	0.98	0.88	0.69	0.47	0.32
二、资产运营状况					
全　部	0.92	0.81	0.34	0.07	0.01
大　型	0.90	0.84	0.48	0.06	0.01
中　型	0.00	1.00	0.33	0.09	0.01
小　型	0.89	0.67	0.26	0.05	0.01
三、偿债能力状况					
全　部	0.97	0.90	0.72	0.39	0.24
大　型	0.99	0.94	0.72	0.46	0.34
中　型	1.00	0.93	0.61	0.30	0.11
小　型	0.95	0.88	0.75	0.33	0.23
四、发展能力状况					
全　部	0.83	0.75	0.56	0.33	0.12
大　型	0.87	0.76	0.58	0.42	0.30
中　型	0.80	0.69	0.61	0.35	0.14
小　型	0.85	0.78	0.54	0.29	0.07

附录 9　企业效绩评价基本指标比较分析表

企业名称：华西航空公司

企评附表　01

指　标	实际值	国内比较							国际比较	
		行业内平均值	差　异	行业内同规模平均值	差　异	同规模企业全国平均值	差　异		国际同行业标准值	差　异
一、财务效益状况										
净资产收益率	2.93	−9.20	12.13	−9.40	12.33	2.50	0.43			
总资产报酬率	3.25	−0.20	3.45	−0.20	3.45	2.90	0.35			
二、资产营运状况										
总资产周转率	0.54	0.30	0.24	0.30	0.24	0.50	0.04			
流动资产周转率	1.29	1.10	0.19	1.20	0.09	1.10	0.19			
三、偿债能力状况										
资产负债率	88.79	76.80	11.99	81.50	7.29	64.60	24.19			
已获利息倍数	1.16	−1.30	2.46	0.40	0.76	1.50	−0.34			
四、发展能力状况										
销售（营业）增长率	4.49	−14.10	18.59	−14.40	18.89	−7.10	11.59			
资本积累率	12.50	−0.50	13.00	−0.90	13.40	11.60	0.90			
合　计										

复核人员：

评价日期：

参考资料

1. 财政部、国家经济贸易委员会、人事部、国家发展计划委员会：《关于印发〈国有资本金效绩评价规则〉〈国有资本金效绩评价操作细则〉的通知，财统字〔1999〕2号。

2. 财政部：《关于印发〈国有资本金效绩评价指标解释〉的通知》，财统字〔1999〕3号。

3. 财政部：《关于印发〈国有资本金效绩评价记分方法〉的通知》，财统字〔1999〕6号。

4. 财政部：《关于印发〈国有资本金效绩评价有关标准〉的通知》，财统字〔1999〕7号。

5. 财政部：《关于印发〈企业效绩评价行业基本分类〉的通知》，财统字〔1999〕8号。

6. 财政部统计评价司：《企业效绩评价问答》，经济科学出版社，1999年。

7. 华西航空公司：最近三年的企业年度会计汇总决算报表。

8. 华西航空公司：最近三年的审计报告、企业税务和工商年检情况。

9. 华西航空公司：近年有关收购、兼并、分立、改制等资产重组方面的资料。

10. 华西航空公司：历年经营情况统计数据及其文字说明。

11. 华西航空公司：生产、经营、管理、人事等综合资料。

12. 任佩瑜：《论管理效率中再造组织的战略决策》，《经济体制改革》，1998年第3期。

13. 严整：《现代企业财务管理指标体系初探》，四川大学硕士学位论文，1999年。

14. 陈静：《上市公司财务恶化预测的实证分析》，《会计研究》，1999年第 4 期。

15. 张启銮等：《会计学》，大连理工大学出版社，1998 年。

16. 朱志刚：《效绩评价制度是建立现代企业制度的配套措施》，《国有资产管理》，1999 年第 7 期。

17. 陈进：《委托—代理理论与企业经营者败德行为的博弈研究》，2000 年"中国大型工业企业发展战略"研讨会交流论文，1999 年 11 月。

18. 杨云飞等：《对国有资本金效绩评价体系若干问题的探讨》，《四川会计》，2000 年第 4 期。

19. 彼得·F. 德鲁克：《公司绩效测评》（《哈佛商业评论》精粹译丛·第一辑），中国人民大学出版社，1999 年。

（本文为王一农硕士研究生学位论文）

完成于 2000 年 10 月